Stephane Quéry

Le massage du sportif

Stephane Quéry

Le massage du sportif

Préparation à l'effort - Récupération - Soins des blessures

Éditions Vie

Impressum / Mentions légales

Bibliografische Information der Deutschen Nationalbibliothek: Die Deutsche Nationalbibliothek verzeichnet diese Publikation in der Deutschen Nationalbibliografie; detaillierte bibliografische Daten sind im Internet über http://dnb.d-nb.de abrufbar.

Alle in diesem Buch genannten Marken und Produktnamen unterliegen warenzeichen-, marken- oder patentrechtlichem Schutz bzw. sind Warenzeichen oder eingetragene Warenzeichen der jeweiligen Inhaber. Die Wiedergabe von Marken, Produktnamen, Gebrauchsnamen, Handelsnamen, Warenbezeichnungen u.s.w. in diesem Werk berechtigt auch ohne besondere Kennzeichnung nicht zu der Annahme, dass solche Namen im Sinne der Warenzeichen- und Markenschutzgesetzgebung als frei zu betrachten wären und daher von jedermann benutzt werden dürften.

Information bibliographique publiée par la Deutsche Nationalbibliothek: La Deutsche Nationalbibliothek inscrit cette publication à la Deutsche Nationalbibliografie; des données bibliographiques détaillées sont disponibles sur internet à l'adresse http://dnb.d-nb.de.

Toutes marques et noms de produits mentionnés dans ce livre demeurent sous la protection des marques, des marques déposées et des brevets, et sont des marques ou des marques déposées de leurs détenteurs respectifs. L'utilisation des marques, noms de produits, noms communs, noms commerciaux, descriptions de produits, etc, même sans qu'ils soient mentionnés de façon particulière dans ce livre ne signifie en aucune façon que ces noms peuvent être utilisés sans restriction à l'égard de la législation pour la protection des marques et des marques déposées et pourraient donc être utilisés par quiconque.

Coverbild / Photo de couverture: www.ingimage.com

Verlag / Editeur:
Éditions Vie
ist ein Imprint der / est une marque déposée de
OmniScriptum GmbH & Co. KG
Heinrich-Böcking-Str. 6-8, 66121 Saarbrücken, Deutschland / Allemagne
Email: info@editions-vie.com

Herstellung: siehe letzte Seite /
Impression: voir la dernière page
ISBN: 978-3-639-86541-7

Copyright / Droit d'auteur © 2015 OmniScriptum GmbH & Co. KG
Alle Rechte vorbehalten. / Tous droits réservés. Saarbrücken 2015

Le Massage du Sportif

Stéphane Quéry

Table des matières

Préface	page 5
Préambule	page 7
Introduction	page 8
Chapitre 1	page 11
Généralité sur le massage sportif	page 11
Pourquoi le massage fait-il du bien ?	page 12
L'acide lactique et le massage de récupération	page 14
Chapitre 2	page 17
Quand pratiquer le massage du sportif	page 17
L'installation matérielle	page 18
Masser sans se fatiguer	page 19
Les huiles de massage appropriées au massage du sportif	page 22
Les huiles essentielles à mélanger avec les huiles végétales	page 24
Chapitre 3	page 27
Anatomie musculaire et repères palpatoires	page 27
La colonne vertébrale	page 29
Anatomie des muscles de surface	page 32
Les muscles de l'épaule scapulo-huméral	page 33
Les muscles du dos	page 37
Les muscles du cou	page 44
Les membres inférieurs	page 46
Les muscles fessiers	page 50
Les membres supérieurs	page 67
Chapitre 4	page 79
Les différentes manœuvres en massage du sportif	page 79
Massage de préparation à l'effort	page 79
Massage de récupération après l'effort	page 95

Chapitre 5	page 185
Les blessures du sportif	page 185
Le psychisme face à une blessure musculaire	page 186
Les différentes blessures	page 187
Les blessures musculaires	page 188
Les blessures tendineuses	page 198
Les blessures ligamentaires	page 204
Les blessures osseuses	page 208
Les blessures de la peau	page 211
Quelques blessures particulières	page 213
Classification des lésions aponévrotiques	page 214
Tableau récapitulatif des blessures sportives	page 220
Chapitre 6	page 227
Le massage dans les différents sports	page 227
Chapitre 7	
Quel matériel mettre dans votre sac de masseur sportif	page 233
Bibliographie	page 234
Remerciements	page 236
Contact	page 236

Préface

Joël Savatofski, masseur kinésithérapeute D.E., fondateur de l'Ecole européenne du Toucher-massage®, auteur de nombreux ouvrages et publications vous présente Stéphane ...

Stéphane ? Je l'ai connu il y a un quart de siècle quand, professeur d'Espagnol à Nantes, il s'est inscrit à ma formation au massage. Il n'est pas sportif à proprement parler, disons qu'il touche à tout, sans a priori. Pas sportif ? Mais capable de se dépasser et d'aller crapahuter à 6000 mètres sur l'un des plus hauts sommets du globe.

Que nous dit Stéphane ? « Sportez » vous bien !!

Traduisons…. En effet, qui n'a jamais fait un jour de l'exercice physique ?

Qui n'a jamais senti le besoin de détendre ses muscles endoloris, qui ne s'est jamais plaint de contractures après une randonnée, de courbatures après un jogging, un match de volley sur la plage ou des kilomètres à vélo ? Sport à minima, sport à maxima, qui n'a jamais ressenti que le fait d'être touché/massé fait de suite tout simplement du bien.

Stéphane à son tour l'a découvert. C'est sans doute pour cela qu'il s'attaque aujourd'hui à un sujet en apparence ardu et réservé mais qu'il sait, fort d'expériences , de passion et de pédagogie nous rendre abordable.

Car Stéphane s'adresse au travers de son ouvrage « Massage du sportif » à tout un chacun. Ce n'est pas un livre de plus sur le massage, c'est « LE LIVRE » qu'il faut avoir lu. Que vous pratiquiez un sport ou un exercice de façon régulière ou occasionnelle, ce livre vous donne les rudiments, et davantage pour agir, autant sur d'éventuels problèmes, que pour simplement préparer nos muscles à un exercice inhabituel ou à un effort particulier. Stéphane vous propose d'apprivoiser des gestes utiles qui font du bien, sans faire appel à un spécialiste, sans avaler à la va-vite moult cachets anti douleur et sans espérer le miracle d'une pommade exotique.
Perfectionniste Stéphane ? Assurément mais dans ce domaine c'est plutôt un atout.

Agrémenté de presque de 300 photos, son livre multiplie les explications et les descriptions sans jamais tomber dans la prise de tête, invitant en douceur chacun de nous, par une démarche pédagogique s'appuyant sur le bon sens et la simplicité, à prendre conscience en nos possibilités propres.

Merci mon ami pour ton ouvrage qui prouve que chacun peut pratiquer les massages et se transformer en masseur occasionnel ; c'est aussi ce que je défends, depuis des lustres, mon combat personnel.

….Alors, aidons le sportif en herbe ou professionnel aguerri dans son activité ou tout simplement donnons lui l'envie de bien « se *sporter* » *!!*

Préambule

En 1989, à la suite de la lecture du livre « Le Massage Douceur » de Joël Savatofski, je décide de me former en tant que masseur professionnel aussi bien en massage Bien-Etre, Massage Assis (méthode J.S.) qu'en réflexologie plantaire. Je commence à exercer en cabinet en France à Nantes et Dijon tout en enseignant dans l'école de massage Joël Savatofski. Parallèlement, j'interviens en Massage Assis dans toutes sortes de manifestations évènementielles et dans les entreprises. J'enseigne également le massage dans bon nombre d'établissements hospitaliers auprès de soignants qui souhaitent avoir une approche différente des soins de confort.

C'est alors que je travaille chaque été dès 1990 au Stage International de Danse de Châteauroux et de Pontarlier pour un nombre croissant de danseurs qui me demandent des massages spécifiques à leurs disciplines. Je me passionne vite pour cette branche du massage et je me forme donc en massage sportif avec Daniel Grieser à Lausanne, en thérapie manuelle avec Luc Papadacci, en reboutement musculaire et viscéral avec Thierry Dentant, tout en complétant mes formations en anatomie pour le mouvement avec Blandine Calais-Germain. La demande en massage pour les sportifs afflue avec les triathlètes, les coureurs à pied dans les Trails, les cyclistes, les nageurs, les danseurs…

Les blessures faisant partie de la vie du sportif, je me forme aussi au Strapping, à la médecine de montagne avec l'Ifremont à Chamonix et aux Techniques Médicales en Situation d'Isolement.

En l'an 2000, pour des raisons familiales, je me retrouve en Suisse. J'y exerce désormais dans mon cabinet à Mies (Canton de Vaud). Je continue à enseigner le massage auprès des masseurs professionnels et amateurs, tout en continuant à coller à la réalité du terrain dans des manifestations sportives que j'affectionne tant pour l'aspect technique que pour l'ambiance…

Je ne peux pratiquer toutes les disciplines sportives, aussi chaque sportif massé m'apporte ses demandes particulières en fonction de ses entrainements ou compétitions, sa façon de voir son sport mais aussi les blessures qui y sont affiliées.

C'est donc toute mon expérience que je vous apporte à travers ce livre, qui j'espère, vous donnera l'envie de pratiquer, que vous soyez amateur ou professionnel du massage.

Introduction

En 2010, près de 65% des sportifs amateurs pratiquaient une activité physique ou sportive au moins une fois par semaine, soit plus de 47 millions de sportifs en France répartis sur 280 disciplines différentes.

Les différentes fédérations sportives représentent aujourd'hui plus de 15 millions d'adhérents, toutes disciplines confondues.

Parallèlement à ce nombre important de pratiquants, le nombre de blessures sportives est en constante augmentation. Pour y remédier ou les prévenir, plusieurs possibilités s'offrent aux sportifs : préparation physique spécifique, étirements, nutrithérapie, électrostimulation, soins de kinésithérapie, médecine du sport, cryothérapie et bien sûr massage sportif qu'il soit de préparation à l'effort ou de récupération après l'activité physique.

Les cyclistes des grandes équipes professionnelles se font masser en moyenne 45 minutes chaque jour à l'issue de leurs courses. Sans ce travail de détente musculaire quotidien, seraient-ils capable d'enchaîner 5 heures de vélo à chaque étape d'un Tour de France ?

Mais nul besoin d'être sportif professionnel pour bénéficier d'un massage après l'effort. Chacun peut s'initier à des gestes simples mais efficaces pour soulager une paire de jambes revenant d'un marathon, un dos courbaturé par quelques heures de kayak, une compétition d'athlétisme de début de saison ou des pieds meurtris par une journée de randonnée en montagne.

Dans ce livre, vous apprendrez le massage de préparation avant l'effort qui permettra de chauffer les muscles et le massage de récupération ou de restauration après l'effort, permettant de raccourcir le temps de fatigue et de faire retrouver à la musculature sa souplesse initiale.

Les gestes et manœuvres démontrées pas à pas feront que le praticien, qu'il soit professionnel ou amateur, pourra intégrer facilement la possibilité de faire du bien au sportif massé, sans contrainte physique pour le masseur, grâce au principe du « poids du corps ».

La connaissance des blessures est aussi importante car elles font partie intégrante de la vie d'un sportif. Savoir les reconnaitre de façon rapide et juste, c'est avoir les bons gestes pour ne pas aggraver la situation et prendre en charge le sportif blessé d'une façon optimale.

La dimension psychologique ne sera pas oubliée non plus car une blessure tel un claquage n'aura pas le même sens pour un sportif professionnel qui verra peut-être sa saison écourtée voire annulée, que pour un amateur dont la femme y verra l'opportunité de faire rester son mari joggeur un peu plus souvent à la maison…

CHAPITRE 1

Généralité sur le massage du sportif

Le massage du sportif se compose du massage de préparation avant l'effort et du massage de récupération après l'effort.

Le but principal du massage de préparation est de relâcher et d'échauffer les muscles, permettant au sportif de démarrer son activité avec le moins de risque de blessures possibles. Ainsi, les manœuvres de massage seront pratiquées avec une main très légère mais aussi très rapide. Il se pratique quelques minutes avant l'activité prévue.

Après l'effort, le massage de récupération (ou de restauration), permet à l'organisme de récupérer plus vite, de faire retrouver à la musculature sa souplesse initiale, d'éviter les courbatures, les contractures et autres petits désagréments d'un corps parfois trop sollicité pendant le sport.

L'objectif principal du massage de récupération est de sentir avec le bout des doigts les tensions musculaires et les contractures. Au niveau physiologique, une contracture est une partie d'un muscle qui ne s'est pas suffisamment relâché après sa période de contraction. Il reste alors un « nœud », généralement peu douloureux sauf à la palpation.

Lorsque les doigts du masseur passent sur une contracture (tension musculaire), celle-ci va prendre les doigts du praticien pour des agresseurs et donc se rétractera sur elle-même. Mais la technique de massage veut que l'on « gratte » la contracture, les doigts en position de trépied allant et venant sur la zone sensible. De par ce geste, la contracture va alterner rapidement ses périodes de rétractation et de relâchement. C'est cette alternance de contraction et de décontraction de la tension musculaire qui, au final, fera que la contracture se relâchera.

Alors comment sentir qu'une contracture s'est relâchée ? Deux façons de procéder :

- Soit, tout en gardant la même profondeur de massage qu'en début de séance, les doigts du masseur vont moins sentir la contracture initiale en fin de séance, signe que la contracture s'est relâchée,
- Soit il faudra que les doigts du masseur massent plus en profondeur pour retrouver le niveau de contracture initiale, signe que la contracture s'est aussi relâchée.

Pourquoi le massage fait-il du bien ?

Il est indéniable que les sportifs se sentent bien après une séance de massage. Mais à quoi cela est-ce du ?

Tout d'abord, pour le massage de préparation à l'effort, certains émettent l'hypothèse qu'il serait moins bénéfique qu'il n'y parait. Le massage induirait un relâchement trop important, incompatible avec les exercices d'explosivité. Par contre, pour les exercices d'endurance, les avis sont moins tranchés.

En fait je crois que tout dépend de la manière dont le massage est effectué. Dans le massage de préparation à l'effort, les mains du masseur glissent très rapidement et surtout très superficiellement, occasionnant ainsi une chauffe musculaire peu profonde mais oh combien efficace au niveau de la peau. Cela rappelle la friction rapide que l'on effectue après avoir reçu un coup. Ces mouvements brouillent les informations en surface, suturant ainsi les transmetteurs de la douleur.

Le massage superficiel permet aussi de faire « monter en température » la musculature, qui prendra réellement 1 à 2 degré Celsius. Le sportif n'aura pas de fièvre, bien sûr, mais permettra aux muscles d'être préparés en cas de course en extérieur par temps froid, par exemple.

Aujourd'hui, personne ne peut nier l'utilité anti-stress du massage avant l'effort. Le masseur est souvent la dernière personne avec qui le sportif aura contact. Savoir rassurer, booster ou calmer un sportif juste avant une compétition fait aussi parti du rôle du masseur sportif.

Le massage de récupération atténue l'inflammation et surtout stimule la formation de mitochondries, usines énergétiques de la cellule. C'est ce que montre une étude de Crane en 2012.

Certaines études attribuent une atténuation des courbatures surtout si le massage est pratiqué deux ou trois heures après la fin de l'activité physique. Ainsi, il y aurait une moindre élévation des taux de créatine kinase plasmatique, un marqueur des dommages musculaires.

Une réduction de l'œdème musculaire et des sensations douloureuses se fait aussi sentir lors d'un massage de récupération.

Une hypothèse pour expliquer cette fonction antalgique serait d'une part mécanique, en activant les effets mécanorécepteurs cutanés, comme nous l'avons vu précédemment en frottant énergiquement une zone traumatisée. Mais le massage en pétrissage permettrait aussi de modifier la concentration de certains messagers impliqués dans la douleur.

Le massage empêcherait l'arrivée des globules blancs sur le site de l'inflammation. Moins de globules blancs signifient moins de prostaglandine (acide gras insaturé), donc moins de douleur. En 2012, Crane l'a ainsi démontré avec un massage de seulement dix minutes effectué dix minutes après l'effort.

Concrètement, des récepteurs situés sur la membrane cellulaire transmettent les informations mécaniques à l'intérieur de la cellule. Ces informations entrainent la modification chimique de petites protéines appelées Kinases, chargées de transformer ce message mécanique en message chimique. A l'intérieur de l'ADN, la machinerie cellulaire se met en marche. Ainsi, neuf gênes vont être activées dans la cellule. Parmi eux, le gène d'une protéine, la N++ ucléoporine 88. Ces gènes contribuent à diminuer la concentration de molécules inflammatoire dans le muscle (Ref 1)

Ref. 1 : SV avril 2012 – 82-83.

L'acide lactique et le massage de récupération

Pendant un effort sportif, il existe trois filières de production d'énergie. La filière aérobie, la filière anaérobie acide et la filière anaérobie anacide. La première utilise l'oxygène de l'atmosphère pour transformer l'énergie. La seconde produit de l'acidité dans l'organisme et la dernière n'utilise pas d'oxygène et ne produit pas d'acidité.

Ces trois filières transforment l'énergie mais elles ne la produisent pas. Le but commun à ce trio est de régénérer la seule molécule d'énergie utilisable par nos muscles : l'ATP (Adénosine Tri Phosphate).

A chaque fois que nous démarrons un effort à froid, à chaud ou que l'on dépasse le niveau d'intensité qui correspond à la consommation maximal d'oxygène, c'est la filière anaérobie de production d'énergie qui se met en route.

Ces filières anaérobies ont deux gros défauts : elles coûtent chères en énergie et sont plutôt « polluantes ». Il suffit de quelques minutes d'effort pour dépenser en quelques instants toutes les réserves énergétiques de la cellule. Et elles sont polluantes car elles génèrent une acidification du muscle de part le rythme soutenu des contractions musculaires.

Or ces réactions génèrent la production d'un proton d'hydrogène (proton H+). Au fur et à mesure de l'effort, ces protons sont éliminés. Cependant, si l'effort intensif se prolonge, le processus d'élimination de ces protons par la respiration ne peut plus suivre et le muscle devient alors de plus en plus acide, ce qui, in fine, gène les contractions musculaires.

D'une manière classique, l'accumulation de ces protons H+ est présentée comme le problème majeur de la filière anaérobie.

La dégradation anaérobie du glucose produit du pyruvate (molécule biologique) qui capte le proton H+ pour faire de l'acide pyruvique transformé ensuite en acide lactique qui, ensuite, libère son proton pour devenir du lactate.

Ce n'est pas l'acide lactique qui est responsable de l'acidification de la cellule. Et lorsqu'un sportif se plaint de douleurs musculaires brûlantes à l'effort, celles-ci dépendent uniquement de l'excès des protons H+.

La dégradation anaérobie du sucre produit soit de l'acide lactique, soit de l'alcool. Dans le muscle, on produit de l'acide lactique. La fermentation anaérobie des sucres du lait produit aussi de l'acide lactique. C'est donc un produit parfaitement banal que l'on retrouve d'ailleurs dans l'industrie alimentaire sous le nom E270.

La sensation de brûlure musculaire ressentie à l'effort est liée à la présence de lactate, produit de la décomposition de l'acide lactique. Qui est déjà éliminé vers le foie au bout de vingt minutes en moyenne après un marathon.
Au pire... une ou deux heures après l'effort.

Le massage de récupération ne sera donc qu'une aide superficielle pour éliminer l'acide lactique.

Alors que faire pour éviter ces montées d'acidité musculaire et surtout pour recycler ces fameux protons H+ ? C'est l'entraînement qui permettra le meilleur recyclage de ces protons H+ par la respiration. Ou la prise de bicarbonate qui permettra de « tamponner » la montée acide à l'effort. Ce rôle de tampon existe notamment dans le sang, où il est très important pour le maintien du pH (Potentiel Hydrogène ou équilibre acido-basique). (Ref 2)

Ref. 2 : Gilles Goetghebuer - Sport et Vie – HS 18 – p. 36-39

CHAPITRE 2

Quand pratiquer le massage sportif

Il existe plusieurs possibilités de pratiquer le massage sportif de récupération.

Dans une manifestation sportive :

Les avantages :

- Les sportifs ne pouvant pas se faire masser près de chez eux pour des raisons matérielles ou par manque de praticiens peuvent bénéficier d'une prestation de qualité.
- J'ai vu certains coureurs d'endurance à l'Ultra Trail du Mont Blanc (UTMB) ne pas pouvoir appuyer sur l'accélérateur de leur voiture pour rentrer chez eux s'ils n'avaient pas reçu un massage salvateur, leurs jambes étant tellement tétanisées.
- Cela peut donner l'envie à des sportifs de se faire masser alors que cette pratique leur était totalement étrangère avant.
- L'ambiance dans les salles de massage est propice à une certaine euphorie d'avoir pu réaliser le projet de toute une année de préparation, parfois. Le masseur est là aussi pour féliciter le sportif de sa prestation, fierté partagée par l'ensemble des récipiendaires présents sur place.

Les inconvénients :

- Il y parfois beaucoup d'attente par rapport au nombre de praticiens exerçant sur place.
- En fonction du nombre de praticiens, vous aurez un massage d'une durée assez courte, variant entre 10 et 20 minutes.
- Lors de marathons ou d'épreuves sportives sollicitant fortement les masses musculaires, celles-ci peuvent être blessées par trop de sollicitation à l'effort et le praticien n'aura alors pas la possibilité de voir ces micro-blessures ou petits claquages qu'il pourrait apercevoir quelques jours plus tard en cabinet.

Dans un cabinet de massage ou chez soi...

Les avantages :

- Vous avez le temps nécessaire pour recevoir un massage d'une heure.
- Vous n'attendez pas votre tour si vous avez pris rendez-vous.
- Le praticien a la possibilité de voir si des micro-blessures sont apparues depuis la fin de votre épreuve sportive, ce qui lui permet d'adapter son massage en fonction de cela. Ainsi, il ne massera pas sur les éventuelles ecchymoses.

Les inconvénients :

- En fonction de l'agenda de votre masseur, vous pouvez attendre plusieurs jours avant de vous faire masser.

L'installation matérielle

Pour pratiquer le massage, deux possibilités s'offrent à vous :

Soit sur une table de massage, qu'elle soit en bois ou en aluminium, soit directement au sol (de préférence sur un tapis, couverture ou futon pour le confort du massé). Une table en bois tient à l'avantage que vous pouvez revisser un boulon qui aurait tendance à se défiler au fil des années. Par contre, elle sera souvent plus lourde qu'une table en aluminium qui, elle, pèsera jusqu'à 2 kg de moins.

La largeur standard d'une table est de 75 cm. Cependant, il est possible de se munir d'une extension de bras pour les personnes à forte corpulence. Quand à la longueur, sauf si vous massez régulièrement l'équipe de basket professionnelle de votre région, vous trouverez des tables d'une longueur standard de 1,80 mètre.

Maintenant, le confort de la table a aussi son importance. Vous pouvez avoir une mousse très haute mais d'une densité trop faible, votre massé l'écrasera alors en s'allongeant. Il sentira le plateau en bois soutenant la mousse sous la table. J'ai malheureusement déjà vu des sportifs se faire masser sur des tables d'écolier au retour d'une épreuve de Trail, où les masseurs cherchaient en vain de simples couvertures pour mettre sous le dos meurtri des coureurs. Pour les tables de massage, prenez plutôt des mousses de 5 à 7 cm à Haute Densité avec un minimum de 30 Kg/m3.

Le poids d'une table de massage classique avoisine les 14 kg. Cela peut être très pénible de transporter une table dans une manifestation sportive où les parkings sont souvent éloignés de la salle de massage.

Dès lors, il existe aussi des tables dont le plateau en bois a été remplacé par une toile tendue. Le gros avantage réside dans la légèreté de votre outil de travail qui vous fera gagner jusqu'à 2 kg de poids. Dans le temps, l'on sait désormais que la toile tendue garde correctement ses propriétés de tension.

Enfin, vous pouvez entretenir votre table en la lavant avec de l'eau savonneuse.

Masser sans se fatiguer

Contrairement à une croyance connue, il ne faut pas avoir « beaucoup de force », « être costaud » ni avoir de « gros biscoteaux » pour masser. Surtout dans le massage sportif où nous masserons des muscles souvent assez durs ou bien galbés, qui ne se mobilisent pas toujours facilement.

Nous allons faire en sorte de ne pas masser en force car celle-ci apporte un massage « mécanique » qui peut faire mal au sportif. De plus, cela empêchera au masseur de sentir la bonne pression ou profondeur à donner à son massage.

Et pour ne pas masser en force, que ce soit avec la force des bras, des mains ou des doigts, nous allons utiliser le principe du « poids du corps ».

Pour avoir une pression correcte dans le massage, il s'agit au masseur de transférer son poids du corps sur la partie musculaire massée.

Ce poids du corps peut être transféré d'avant en arrière ou de gauche à droite et vice-versa. Le choix de l'orientation de ce transfert se fera en fonction des gestes et manœuvres de massage.

Ainsi, il se créera une sorte de vague, d'ondulation, de flux et de reflux, une progression dans la profondeur du massage qui sera bénéfique aussi bien pour le masseur (plus aucune fatigue) que pour le massé (le muscle sera massé en profondeur sans risque d'être douloureux).

Pour utiliser le poids du corps d'une façon optimale, il faut donc trouver le bon compromis entre la taille du masseur (il y a aura une différence si celui-ci mesure 1,60 ou 2,05 mètres) et l'épaisseur du sportif massé (un marathonien a souvent une autre morphologie qu'un haltérophile). Cela induira alors la hauteur de la table pour optimiser la pression à mettre sans se fatiguer. Les bras devront être presque tendus, les mains touchant à plat la peau du massé.

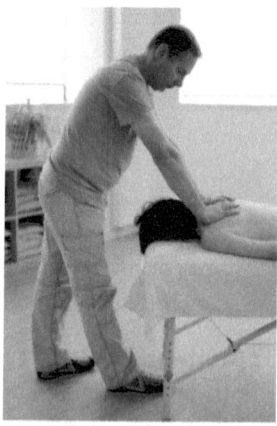

Bonne position avant le transfert du poids du corps (les bras et la jambe avant sont tendus, le poids du corps est en arrière)

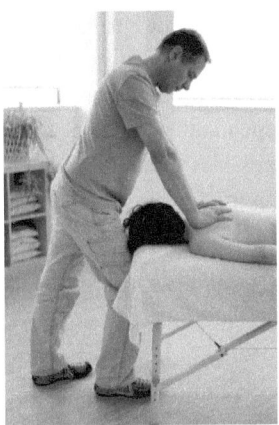

Bonne position après le transfert du poids du corps (la jambe avant s'est relâchée et les bras sont restés tendus). Le masseur est littéralement posé sur le massé.

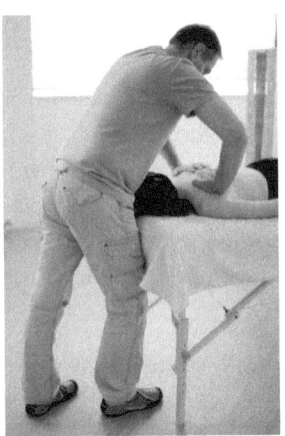 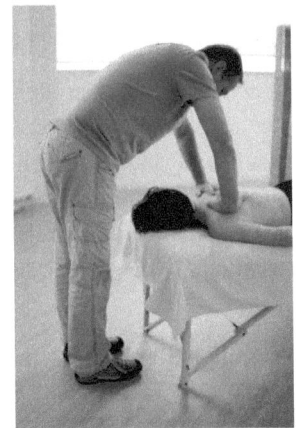

Mauvaises positions car les bras et le dos se sont pliés pendant le transfert du poids du corps.

Les huiles de massage appropriées au massage du sportif

Dans le massage sportif de récupération où l'objectif principal est l'élimination des toxines après l'effort ainsi que la détection des tensions, des contractures et leur élimination, la façon de faire, la « main » du masseur est prépondérante. Cependant, l'on ne peut ignorer l'utilisation de produits, que ce soit des baumes, des crèmes ou des huiles pour accentuer les résultats de ce type de massage.

Ainsi, l'emploi des huiles essentielles (H.E.) permet d'optimiser la récupération du sportif. Pour ce faire on utilisera une préparation à base d'huile végétale, à laquelle on ajoutera quelques gouttes d'Huiles Essentielles (en fait, l'essence aromatique des végétaux), de culture biologique de préférence. Vous pourrez ajouter 10 à 20 gouttes d'Huiles Essentielles (voire plus si nécessaire) pour un flacon de 100 ml d'huile végétale, sachant que 30 gouttes font déjà 1 ml. Cependant, si vous souhaitez utilisez les propriétés des H.E. en aromathérapie, vous pouvez ajouter jusqu'à 10% d'H.E. dans votre préparation d'huile végétale,

Peu d'essences sont incompatibles entre elles, mais pour rester dans les limites du raisonnable, je vous conseillerais de ne pas mélanger plus de 2 à 3 Huiles Essentielles dans un même flacon.

Vous pourrez acquérir ces produits dans les magasins diététiques ou les fabricants et revendeurs par correspondance. Préférez les huiles avec la mention « H.E.B.B.D. » (Huile Essentielle Botaniquement et Biochimiquement Définie), où vous aurez plus de chance d'acheter une huile de bonne qualité, non frelatée. Vous aurez ainsi la certitude que l'Huile Essentielle aura été extraite par une méthode naturelle et non par solvant.

Voici une sélection d'huiles végétales et d'huiles essentielles :

Huile végétales :

Calophyllum (Calophyllum inophyllum)

Huile végétale dont l'objectif principal est l'anti-douleur. De couleur verte à l'origine, elle ne fera pas, cependant, ressembler votre massé à un martien lorsqu'elle sera appliquée sur sa peau ! Cette huile originaire de Madagascar et de Polynésie a une odeur assez prononcée, signe que ses amandes, extraites par pression à froid dans la filière bio, ont des propriétés efficaces.

Millepertuis (Hypericum perforatum)

On la connait surtout pour ses propriétés relaxantes, voire anti-dépressive. Mais c'est aussi une bonne huile de base contre les douleurs articulaires. On pourra aussi l'employer particulièrement mélangée à de l'Huile Essentielle de Lavandin ou d' Hélicryse Italienne pour calmer les contusions, les ecchymoses et les irritations de l'épiderme. Seule précaution à prendre : ne pas l'appliquer ni s'exposer rapidement au soleil après son appplication car cette huile est photosensibilisante (risque de plaques disgracieuses sur la peau).

Calendula (Calendula oficinalis)

Cultivé depuis longtemps dans les jardins de toute l'Europe tempérée, son autre nom commun est le « Souci ». C'est un puissant anti-inflammatoire musculaire et il est réputé pour ses propriétés apaisantes lors de contusions. Il soulage aussi les inflammations gastriques, assez fréquentes lors de compétition longue comme les trails où les coureurs ingèrent différents gels pour leur alimentation en course. On l'extrait par macéra, c'est-à-dire que ses fleurs restent trempées dans une autre huile végétale pour en extraire ses propriétés essentielles.

Harpagophytum (Harpagophytum procumbens)

D'origine d'Afrique Australe et de Namibie, elle est communément appelé « Griffe du diable ». Elle possède des propriétés anti-inflammatoires naturelles. Son application en huile de massage en fait une façon simple et rapide pour soulager les douleurs musculaires et articulaires. L'extraction de cette huile se fait sur le principe de la macération de ses racines dans une autre huile végétale.

Pépin de raisin

Le principal intérêt de cette huile végétale est de pouvoir la mélanger avec d'autres huiles parfois un peu trop grâces ou onctueuses afin de les fluidifier. Autre avantage, elle est très facilement absorbée, permettant ainsi aux Huiles Essentielles de se diffuser dans la peau plus rapidement.

Les Huiles Essentielles à mélanger avec les huiles végétales de base

Gaulthérie (Gautheria procumbens)

Les feuilles de cette famille d'Éricacées sont distillées à la vapeur. Son odeur camphrée indique qu'elle s'utilise sur les douleurs musculaires, les crampes. C'est également un très bon anti-inflammatoire. Son efficacité a été rapportée sur les tendinopathie. Cette essence étant dermocaustique, on évitera de l'appliquer directement sur la peau, mais on la mélangera bien avec une huile végétale.

Bois de camphre (Cinnamomum camphora)

Malgré son nom, cette huile essentielle ne contient qu'une faible dose de camphre et ne présente donc pas de danger lié à la présence de cétone. C'est une essence idéale pour le massage de récupération car elle permet d'éviter les courbatures. Elle a également un pouvoir analgésique et aide à drainer les toxines.

Genièvre (Juniperus communis)

Outre ses baies qui se cuisinent très bien, le genièvre est particulièrement indiqué contre les douleurs rhumatismales.

Lavande Officinale (Lavandula officinalis)

Elle pousse entre 700 et 1200 mètres d'altitude. Ses fleurs sont distillées à la vapeur d'eau. C'est un très bon décontractant musculaire et un antalgique efficace. Il n'y a pas de contre-indication aux doses normales.

Lavandin (Lavandula angustifolia)

Cultivé à moins de 700 mètres d'altitude (contrairement à la Lavande Officinale), cette lavande est un hybride marié par les abeilles. Sa fleur, distillée par vapeur d'eau, est calmante, anti-inflammatoire et cicatrisante. Très bonne essence contre les contusions et les ecchymoses car elle cicatrise l'épiderme. On peut l'associer à la Gaulthérie et au Bois de Camphre.

Romarin Camphré (Rosmarinus officinalis L. camphoriferum)

C'est un anti-inflammatoire, un décontractant musculaire surtout en cas de crampes, donc cette essence pourra faire partie de la base pour votre massage sportif aussi bien après l'effort qu'avant l'effort puisque c'est aussi un tonique musculaire. C'est une bonne essence pour les entorses et les tendinopathies. Cependant, on évitera de l'utiliser avec les enfants car cette essence contient beaucoup de cétones.

Hélichryse Italienne (Helichrysum italicum)

Tout comme le Lavandin, cette essence est tout particulièrement indiquée pour prévenir les hématomes (les « bleus » avec un œdème), car son pouvoir anti-coagulant n'est plus à démontrer. Cette plante porte un autre nom commun, l'Immortelle.

Eucalyptus Citriodara (citronné)

Originaire de Madagascar, cette huile essentielle a de grandes propriétés anti-inflammatoires musculaires et articulaires. Elle est aussi vivement recommandée en cas de tendinopathie, d'épicondylite (tennis elbow) et de sciatique. Cette essence est déconseillée pendant les 3 premiers mois de grossesse.

Quelques recettes pratiques…. :

<u>Préparation à l'effort</u> pour 100 ml (30 gouttes = 1 ml) :

HE Romarin à Camphre   20 gouttes
HE Gingembre   20 gouttes
HE Lavandin   15 gouttes
HE Genévrier   10 gouttes
Huile végétale de Calophyllum – 60 ml
Huile végétale de pépin de raisin – 30 ml

<u>Récupération après l'effort</u> pour 100 ml :

HE Lavande Vrai   3 gouttes
HE Gaulthérie couchée   20 gouttes
HE Eucalyptus citronné   20 gouttes
HE Menthe poivrée   20 gouttes
Huile végétale de Millepertuis
Huile végétale d'Arnica
Huile végétale d'Harpagophytum

CHAPITRE 3

Anatomie musculaire et repères palpatoires

Chaque mouvement sportif est obligatoirement lié à la sollicitation de muscles, tendons ou articulations appropriés. C'est pourquoi je vous propose une revue non exhaustive des principaux muscles « de surface » dont le masseur pourra avoir accès pour les détendre sous ses doigts.

Le corps humain comprend 639 muscles mais seuls 570 sont des muscles striés. Ces muscles striés (ou squelettiques car ils unissent les os entre eux) participent à l'activité contractile volontaire, contrairement aux autres muscles dits lisses ou muscle myocarde (du cœur) qui agissent d'une manière involontaire.

Les muscles striés ont 4 propriétés essentielles :

- **L'excitabilité :** est la propriété que possède un muscle à réagir à une stimulation par la production de phénomènes électriques par l'intermédiaire de produits chimiques ;
- **La contractilité** : est la propriété du tissu musculaire de pouvoir se raccourcir à tout stimulus de façon à mobiliser les éléments osseux auxquels ils sont rattachés ; la contractions entraîne le raccourcissement, l'épaississement et le durcissement du muscle ;
- **L'élasticité** : est la propriété du tissu musculaire de reprendre sa forme initiale lorsque s'arrête la contraction ;
- **La tonicité** : est la propriété du muscle à être dans un état permanent de tension (tonus musculaire).

Les muscles sont constitués principalement d'eau (75%), d'éléments minéraux (sodium, potassium, calcium) et de protéines: la **myoglobine** (protéine chargée de transporter l'oxygène vers les cellules musculaires. C'est elle qui donne la couleur rouge aux muscles) et de deux protéines essentielles à la construction: l'**actine** et la **myosine**.

Les muscles striés peuvent se contracter (se raccourcir) grâce à l'action de la **myosine** qui glisse et s'accroche sur l'**actine**.

Le mouvement est possible grâce aux interrelations entre le muscle, l'os et l'articulation.

Il existe deux grands types de mouvement :

Les mouvements simples:

- La **flexion** : rapproche les deux segments articulaires (le poignet se rapproche de l'épaule pour la toucher)
- L'**extension** : éloigne les deux segments articulaires (le poignet déjà en contact avec l'épaule s'éloigne d'elle dans le mouvement)
- L'**Antépulsion :** la main pousse vers l'arrière par rapport au corps
- La **Rétropulsion :** la main pousse vers l'avant par rapport au corps
- L'**abduction** : écarte le membre de l'axe du milieu du corps
- L'**adduction** : resserre le membre de l'axe du milieu du corps
- La **rotation externe** : le membre tourne sur lui-même en dehors
- La **rotation interne** : le membre tourne sur lui-même en dedans
- L'**inclinaison latérale** :
- La **flexion plantaire** : la pointe des pieds s'abaisse vers le sol
- La **flexion dorsale** : la pointe des pieds remonte en direction le corps
- **Proximal :** désigne une partie du corps proche de la racine d'un membre
- **Distal :** désigne une partie du corps la plus éloignée du corps

Les mouvements complexes :

- La **pronation** : mouvement qui fait tourner l'articulation en dedans (le dos de la main ou du pied est vers le haut).
- La **supination** : mouvement qui fait tourner l'articulation vers le dehors (le dos de la main ou du pied est vers le bas. Mouvement de supplication)
- La **prosupination** : mouvement de rotation de l'articulation autour d'un axe longitudinal.
- La **circumduction** : mouvement faisant décrire à un membre ou à un segment de membre un cône dont l'articulation supérieure forme le sommet.

Afin de faciliter le massage du dos, voici quelques notions anatomiques palpatoires :

La colonne vertébrale

Il existe au total 33 vertèbres : 7 vertèbres cervicales, 12 vertèbres dorsales, 5 vertèbres lombaires (désignées aussi avec la lettre L), le sacrum et le coccyx (en fait, 4 vertèbres soudées entre elles).

Si la colonne vertébrale ne présente aucune anomalie particulière, les cervicales sont légèrement concaves, les dorsales convexes et les lombaires concaves. Cependant, ces courbures peuvent être anormalement accentuées. Il s'agit alors d'une **cyphose** si la courbure de la région dorsale est trop convexe et d'une **lordose** si la courbure des régions cervicales et lombaires sont trop concaves.

Au milieu de chaque vertèbre se trouve le **disque vertébral**. Il y en a 23 en tout (absence de disque entre l'occiput et la 1° vertèbre cervicale (l'Atlas), et entre la 1° et la 2° cervicale, l'Axis). Composé de 80% d'eau, il sert à l'amortissement des chocs. Il a une épaisseur de 1/3 du corps vertébral de L1 à L4 par rapport à l'épaisseur des disques cervicaux.

La moelle épinière qui permet la transmission des informations des messages nerveux entre le cerveau et le reste du corps mesure environ 45 cm de long. Elle a particularité de finir entre la 1° et la 2° vertèbre lombaire.

Il est aussi intéressant de connaitre quelques ligaments qui relient les vertèbres entre elles car certains pourront être massés.

Les ligaments de la colonne vertébrale :
- Le Ligament vertébral commun antérieur (LCVA). De l'occiput au sacrum S1 : frein à l'extension
- Le Ligament vertébral commun postérieur (LCVP) : frein à la flexion. Il reçoit la poussée du noyau discal.
- Le Ligament sur-épineux : relie la pointe des épineuses entre elles
- Le Ligament inter-épineux ou ligament jaune : relie le corps des épineuses entre elles
- Le Ligament inter-transversère : relie les épineuses transverses entre elles

Il y a donc 1 ligament qui freine l'extension et 4 ligaments qui freinent la flexion de la colonne.

Voici quelques repères anatomiques sur la colonne vertébrale :
- L 5 : 2 doigts au dessus des fossettes de S1
- L 4 : à hauteur des crêtes iliaques postéro-supérieures
- L 3 : à l'opposé du nombril. C'est le centre de gravité du corps
- D 12 : 4 doigts au dessus de L3
- D 8/D 9 : au niveau de la pointe inférieure des omoplates
- D 3 : au niveau de la pointe supérieure des omoplates
- C 4 : à hauteur de la mâchoire
- C 3 : pointe épineuse en forme de 2 « cœurs ». Elle est souvent difficile à trouver car assez encastrée.
- Atlas (1° vertèbre cervicale) : au niveau des lobes d'oreilles

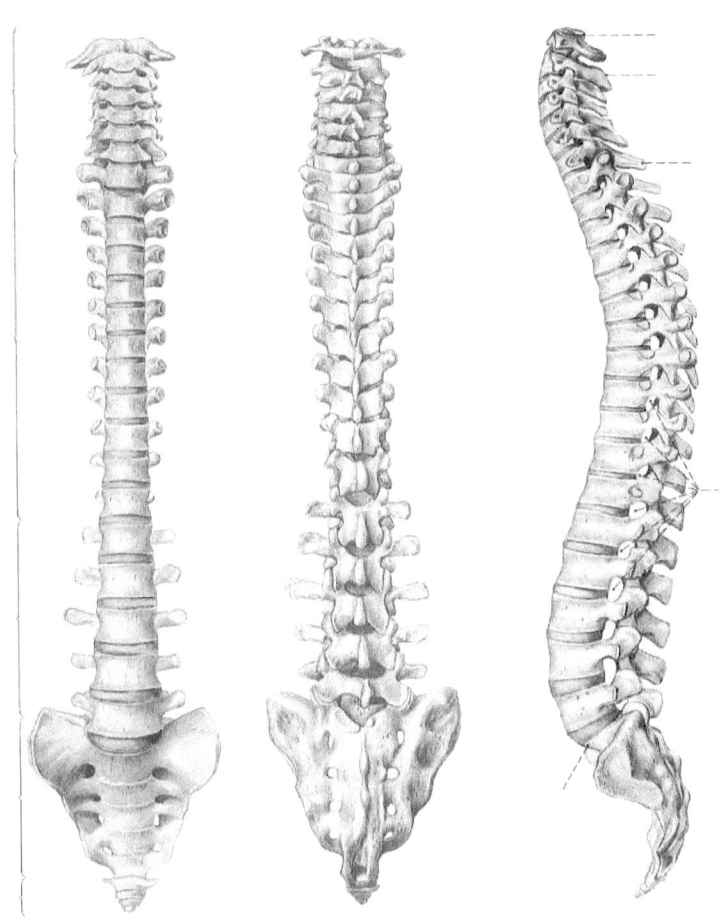

Anatomie des muscles de surface

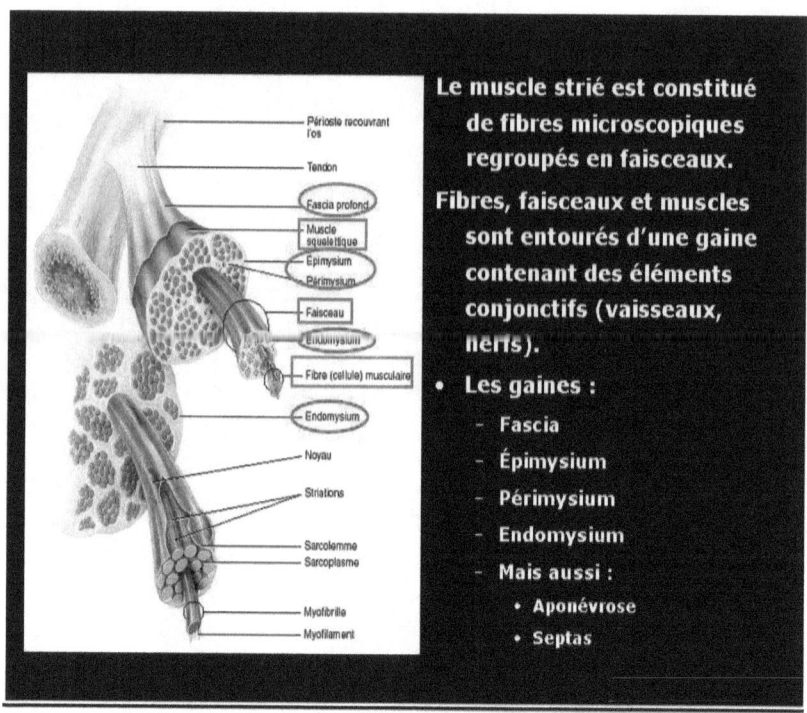

Coupe d'un muscle strié (Photo D.R.)

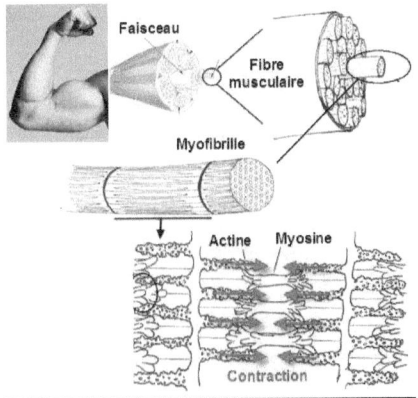

Photo D.R.

Les muscles de l'épaule scapulo-humérale

<u>La ceinture scapulaire</u>

C'est l'ensemble ostéo-articulaire qui permet d'articuler les membres du tronc. La Ceinture scapulaire est composée du sternum, de l'omoplate et de la clavicule.

<u>L'omoplate</u>

L'omoplate bouge sur la cage thoracique. Elle est constituée de l'épine, du tubercule trapèzien, de l'acromion, de la glène, des bords externes et internes, des angles inférieurs et supérieurs de l'omoplate et enfin de la fosse sus-épineuse et fosse sous-épineuse.

<u>La capsule articulaire</u>

La capsule est un manchon, une sorte de chaussette sous forme de muscles et de ligaments qui enveloppe la tête de l'humérus à la glène de l'omoplate.

Elle possède 5 ligaments renforcés par des muscles :

- Ligament acromio-claviculaire
- Ligament coraco-acromial
- Ligaments capsulaires
- Ligament scapulaire transverse
- Ligament coraco-claviculaire

Le raccourcissement de ces ligaments ramène les épaules vers l'avant.

L'épaule permet un grand nombre de mouvements : abduction (ramène l'omoplate vers la colonne) / adduction (éloigne l'omoplate de la colonne) / élévation / abaissement / rotation interne (la face antérieur de l'humérus s'oriente en dedans) / rotation externe (la face antérieur de l'humérus s'oriente en dehors) / antépulsion (flexion du bras à 90°) / circumduction

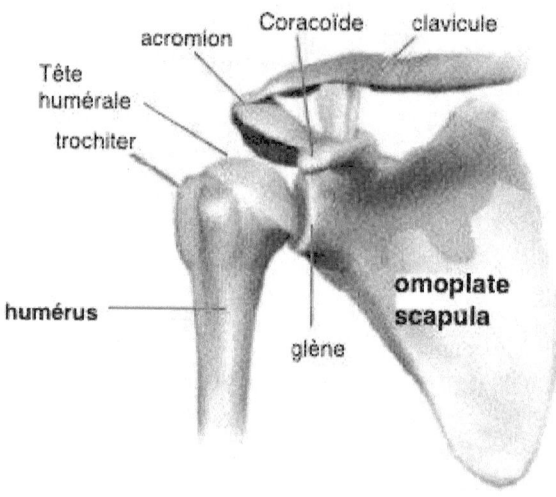

La Coiffe des rotateurs

Ce sont 4 muscles profonds de l'omoplate et de l'épaule. Ils mobilisent l'humérus et ont un rôle de « ligaments actifs » de l'articulation.

La Coiffe est composée de 4 muscles :

Le muscle Sus-épineux (supraspinatus)

Il s'incère dans la fosse de l'omoplate. Souvent responsable des douleurs de l'épaule, il est recouvert d'une bourse séreuse (coussin) qui protège le tendon sous l'acromion.

Son action : abduction du bras (levée du bras légèrement vers l'avant). Ne rentre plus en action à plus de 45° de l'abduction.

Le muscle Sous-scapulaire (subscapularis)

Ce muscle naît sur la face profonde (antérieure) de l'omoplate. Il s'insère sur le trochin, une tubérosité de l'extrémité supérieure de l'humérus, située à la face antérieure de celle-ci.

Son action : rotation interne du bras

Le muscle Sous-épineux (infraspinatus)

Il naît dans la fosse sous épineuse de l'omoplate. S'incère sur le trochiter, une tubérosité de l'extrémité supérieure de l'humérus, située à la partie externe de celle-ci.

Son action : c'est un rotateur externe du bras

Le muscle Petit Rond (teres minor)

S'incère sur la surface externe de l'omoplate, sous le muscle sous-épineux. Il est actif avec ce même muscle. Il s'insère aussi sur le trochiter, en arrière du muscle sous-épineux.

Son action : c'est un rotateur externe du bras

Les muscles Sous-épineux et Petit Rond empêchent les déplacements de l'épaule vers l'avant.

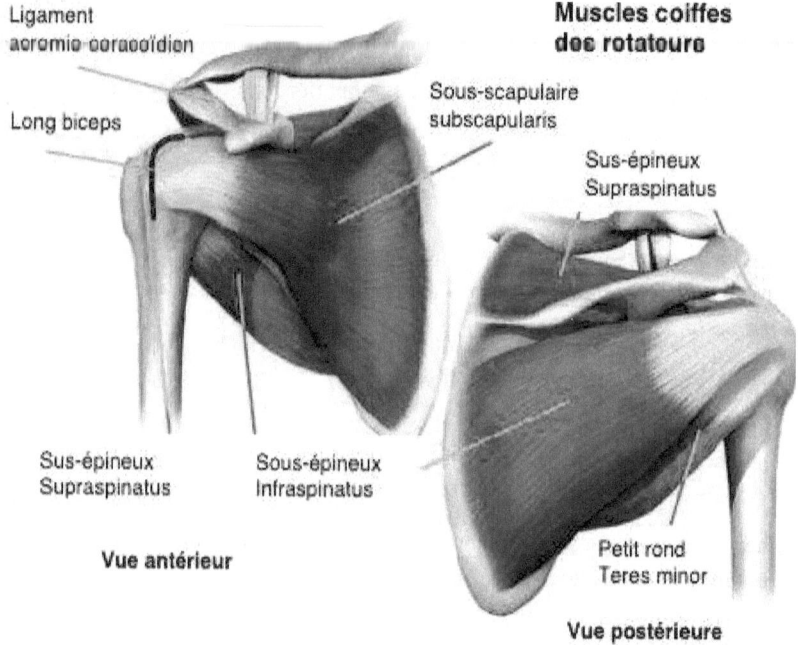

Photo D.R.

Les muscles du dos

Voici le plan des muscles, du plus profond au plus superficiel :

Le muscle Transversaire Epineux (multifidus)

Se sont des muscles appliqués vers l'arrière des vertèbres, du sacrum à l'axis (première vertèbre cervicale). Ils sont en forme de chevrons.

Ils sont formés à chaque étage par 4 faisceaux qui partent de l'apophyse transverse :

- o Le Court Lamélaire se dirige vers la lame de la vertèbre située juste au-dessus
- o Le Long Lamélaire atteint la lame située 2 étages au-dessus
- o Le Court Epineux atteint l'épineuse située 3 étage au-dessus
- o Le Long Epineux atteint l'épineuse située 4 étage au-dessus. Il recouvre les trois premiers.

Son action au niveau des vertèbres :

- o Extension, si les muscles travaillent des deux côtés
- o Inclinaison latérale, si les muscles travaillent de dedans en dehors
- o Rotation vertébrale du côté opposé à la traction, si les muscles travaillent du côté opposé à la traction

Le muscle Petit Dentelé (serratus posterior superior)

Il nait des épineuses de C7 à D3 jusqu'aux 5 premières côtes (au milieu). Il est souvent développé chez les sportifs

Son action : il élève surtout les côtes (il participe à l'inspiration)

Le muscle Angulaire ou Elévateur de la Scapula (levator scapula)

Il nait sur l'angle supérieur de l'omoplate. Il se termine sur les apophyses transverses des 4 premières cervicales.

Son action si le point fixe est la colonne vertébrale : il élève l'omoplate et l'entraîne en sonnette interne.

Le muscle Romboïde (romboideus)

C'est un muscle aplati, situé entre la colonne et l'omoplate. Il nait sur le bord interne de l'omoplate et se termine sur les apophyses épineuses des vertèbres C7 à D4.

Son action si le point fixe est le rachis : il entraîne l'omoplate en adduction et en rotation interne (sonnette interne)

Le muscle Grand Dorsal (latissimus dorsi)

Il nait des vertèbres D7 à L5 (apophyses épineuses). Il adhère à l'omoplate et sur les 4 dernières côtes. Il s'insère depuis la D7, descend le long de la colonne jusqu'à la L5, passe sur la crête iliaque et l'omoplate, et se réinsère sur la partie postérieure de l'humérus (coulisse bicipitale de l'humérus).

Son action : si l'épaule est un point fixe, il fait la rotation interne, l'adduction et la rétropulsion du bras (mouvement de la pagaie).

Le muscle Grand Rond (teres major)

Son nom vient du Latin « teres major » : rond et long. Il travaille avec le muscle Grand dorsal. Il s'incère sur la partie basse de l'omoplate jusqu'au bord interne supérieur de l'humérus (coulisse bicipitale).

Son action : porte le membre supérieur en adduction et en rotation interne. Il a la même action que le Grand Dorsal, mais en beaucoup moins puissant.

Le muscle Trapèze (trapezius)

Ce muscle forme une large nappe qui recouvre les muscles postérieurs du cou et de la région des omoplates. Il nait de la base de l'occiput, puis des apophyses épineuses des cervicales et dorsales jusqu'à la D10 (parfois jusqu'à D12).

Il existe 3 faisceaux sur le trapèze :

- o Le Faisceau Supérieur : se termine sur le bord postérieur de la clavicule
- o Le Faisceau Moyen : se termine sur l'épine de l'omoplate
- o Le Faisceau Inférieur : se termine à la partie interne de l'épine de l'omoplate, sur le tubercule trapézien

Son action :

- o L'ensemble des fibres a une action d'adduction attirant l'omoplate vers la ligne du milieu du dos. Il sert à l'action de serrer les épaules. (le Trapèze Supérieur et le Romboïde se contractent pour l'aider)
- o Le faisceau Supérieur élève l'omoplate et l'entraîne en sonnette interne (les muscles Romboïde et l'Angulaire se contractent pour l'aider)
- o Le faisceau inférieur abaisse l'omoplate et l'entraîne en sonnette externe (le faisceau supérieur se contracte pour l'aider)
- o S'il agit des deux côtés à la fois, l'ensemble du trapèze fait l'extension de la colonne cervico-dorsale
- o S'il agit d'un seul côté, le Faisceau Supérieur entraîne la tête et le cou en extension + inclinaison latérale du côté de la contraction + rotation du côté opposé

Le muscle Deltoïde (deltoideus)

Ce muscle superficiel forme le galbe de l'épaule. Il est en 3 faisceaux :

- o Le faisceau antérieur s'attache sur la clavicule
- o Le faisceau moyen s'attache sur le bord externe de l'acromion
- o Le faisceau postérieur s'attache sur l'épine de l'omoplate

- o Ces trois faisceaux convergent vers la partie moyenne du bras pour se terminer sur la surface externe de l'humérus

- Action des faisceaux :
    - o Antérieur : antépulsion + rotation interne du bras
    - o Moyen : abduction du bras
    - o Postérieur : rétropulsion du bras

Le muscle Grand Dentelé (serratus anterior)

C'est une large nappe musculaire qui s'étale sur le côté de la cage thoracique (sous le bras). Il nait de la face profonde antérieure de l'omoplate, le long du bord interne. Puis il s'enroule en dehors et en avant, autour des côtes, en l'élargissant pour former des faisceaux musculaires qui s'attachent sur les 10 premières côtes.

Son action si les côtes sont un point fixe :

- o Il maintient le bord interne de l'omoplate plaqué contre le thorax
- o Il attire l'omoplate vers l'extérieur (en abduction) et en sonnette externe
- o Il met en évidence le mouvement de poussée antérieur du bras (pompes)

Le muscle Grand Pectoral (pectoralis major)

C'est un muscle superficiel mais aux insertions profondes. Il s'attache sur la clavicule (aux deux tiers du bord intérieur), le long du sternum sur les 6 premiers cartilages costaux et sur la 7° côte. Les fibres se réunissent en formant une torsion, puis un tendon aplati qui se termine sur la coulisse bicipitale de l'humérus.

Son action : si thorax est le point fixe il fait adduction + rotation interne + antépulsion (jusqu'à 60° pour les fibres supérieures) + antépulsion (retour du mouvement jusqu'à 0° pour les fibres inférieures)

Le muscle Psoas (psoas)

Ce muscle naît des vertèbres des apophyses transverses de D12 à L5. Il descend un peu en dehors, traverse le bassin et se termine sur le Petit Trochanter. Il franchit 8 articulations. Il se « coude » sur le bord antérieur de l'iliaque. A ce niveau, il existe une Bourse Séreuse, sorte de coussinet amortisseur, qui évite les frottements excessifs.

Son action : Si les vertèbres sont en point fixe : entraine le fémur en flexion + adduction + rotation externe

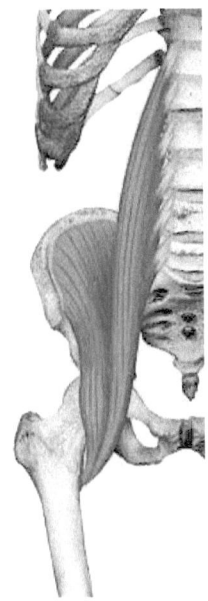

Le muscle Psoas (Photo D.R.)

Le muscle Carré des Lombes (quadratus lumborum)

Ce muscle s'attache sur la dernière côte, sur les 5 vertèbres lombaires (apophyse transverse) et sur la crête iliaque. Il est fait de fibres verticales et obliques qui s'entrecroisent.

Son action :
- o Si le bassin est fixe : il attire la 12° côte vers le bas (et les autres en même temps). Il fait donc l'inclinaison latérale des vertèbres du côté de sa contraction. Il est expirateur.
- o Si les côtes sont fixes : il élève le ½ bassin du côté de sa contraction

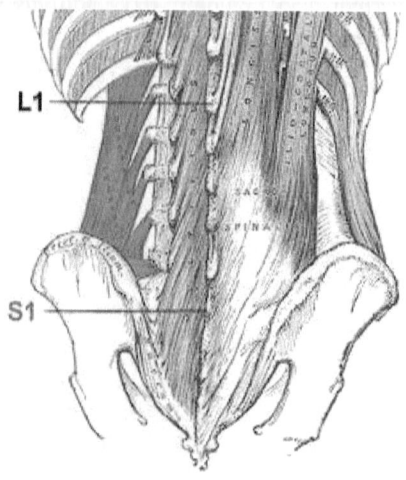

Le Carré des Lombes (Photo D.R.)

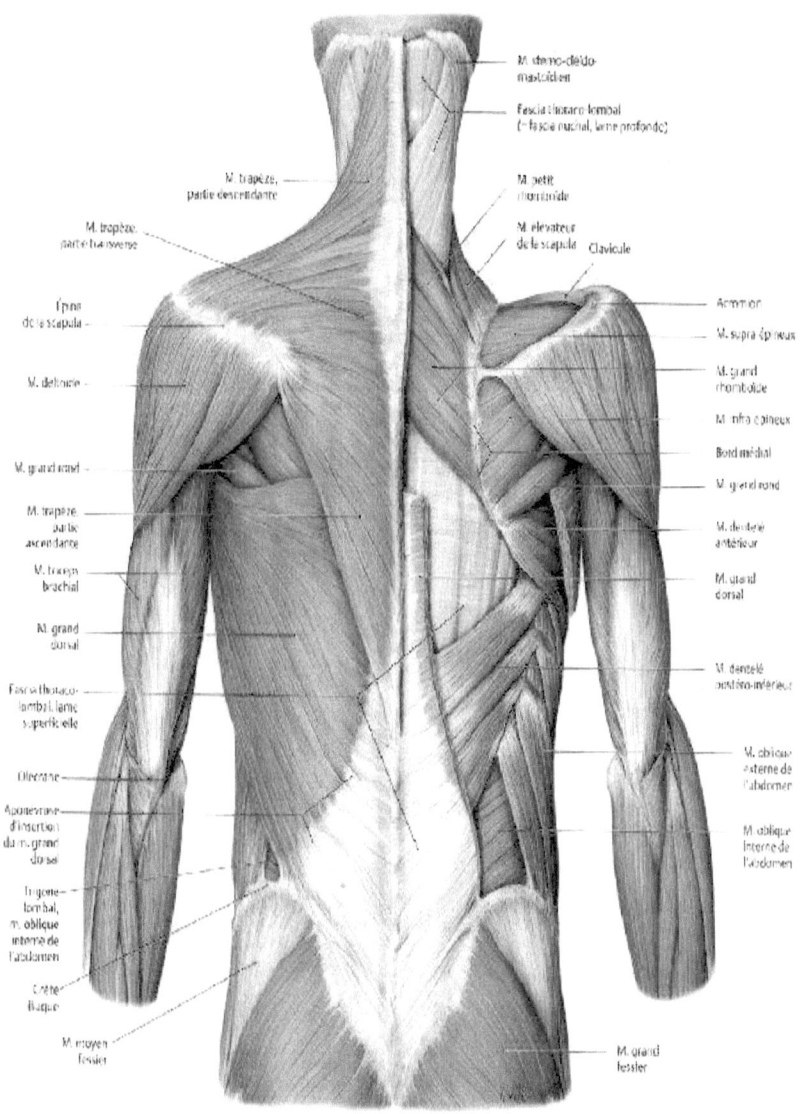

Vue d'ensemble des muscles du dos (Photo D.R.)

Les muscles du cou

Les muscles Scalènes (scalenie)

Les muscles sont tendus des vertèbres cervicales jusqu'aux deux premières côtes

Ils sont composés de 3 muscles :

- o Le Scalène antérieur : va des apophyses transverses de C3 à C6 jusqu'à la première côte (il est oblique en bas et en avant)
- o Le Scalène moyen : nait des apophyses transverses de C2 à C7 et se termine en arrière du scalène antérieur (il est oblique en bas et en avant)
- o Le Scalène postérieur va des apophyses transverses de C4 à C6 jusqu'à la partie moyenne de la 2° côte (il descend directement en bas)

Son action :

- o Le Scalène postérieur attirent les cervicales en inclinaison latérale
- o Le Scalène antérieur et moyen entraîne une rotation du côté opposé
- o Si la colonne est fixe : ils élèvent les 2 premières côtes et sont donc inspirateur

Le muscle Sterno-cléido-mastoïdien (SCOM) (sternocleidomastoideus)

C'est un muscle superficiel fait de 2 faisceaux. Il relie le crâne à la clavicule et au sternum. Il nait en haut de la mastoïde sur la ligne courbe occipitale supérieure. Il se dirige vers le bas en avant, légèrement en dedans. Il se termine sur le sternum (manubrium), et sur la partie interne de la clavicule.

Le muscle Claviculaire est en arrière et le muscle Sternal est en avant (tendon sur le creux sternal). Le SCOM est le muscle impliqué dans les torticolis.

Son action si le crâne est un point fixe : il élève le sternum et la partie interne de la clavicule. C'est un muscle inspirateur.

Son action si le thorax est fixe :

- o Il entraine la tête en rotation du côté opposé à la contraction
- o Il entraine la tête en inclinaison latérale du côté de la contraction

Son action s'il agit des deux côtés : il entraine la tête en extension, accentuant la lordose cervicale.

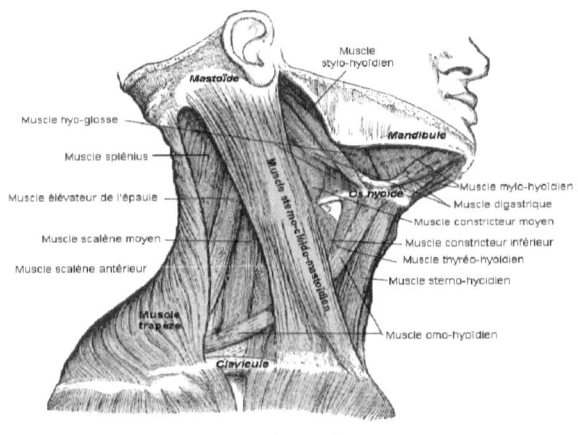

Muscles du cou
(vue latérale droite)

Photo D.R.

Les membres inférieurs

Le bassin

Il est composé des principaux éléments suivants :

- Epine Iliaque Antéro-Supérieur (EIAS)
- Epine Iliaque Antéro-Inférieur (EIAF)
- Epine Iliaque Postéro-Supérieur (EIPS)
- Epine Iliaque Postéro-Inférieur (EIPI)
- Tubérosité Ischiatique
- Symphyse pubienne

La hanche

L'articulation de la hanche est appelée articulation coxo-fémorale. La tête du fémur est recouverte de cartilage hyalin (cartilage très glissant). C'est une diarthrose, c'est-à-dire une rencontre de 2 articulations avec une mobilité spécifique.

La tête du fémur est recouverte par une capsule qui sert de contention. Dans cette capsule, circule la synovie qui nourrit l'articulation et emporte les déchets vers la lymphe. Le cartilage s'use et se régénère constamment.

Les ligaments qui relient le fémur au bassin ne sont pas extensibles.

Le Cotyle

C'est une cavité hémisphérique située sur la face externe de l'os iliaque. Il est aussi appelé « acétabulum », petit bol en latin.

Le fond du cotyle possède un trou qui est occupé par le Ligament Rond, artère qui irrigue la tête du fémur.

Les ligaments de la hanche

L'articulation est maintenue par une capsule épaisse qui s'attache sur l'iliaque au pourtour du cotyle, et sur le fémur au pourtour du col du fémur.

Elle est très résistante et est renforcée par des ligaments puissants, en forme de « N » :

- o Un faisceau supérieur
- o Un faisceau moyen
- o Un faisceau inférieur
- o Des ligaments à l'arrière
- o Des fibres circulaires renforçant le milieu de la capsule

L'action des ligaments : la flexion, l'extension, l'abduction, l'adduction, la rotation interne et la rotation externe.

- o La flexion et la rotation interne relâchent les ligaments
- o L'extension, la rotation externe mettent en tension les ligaments

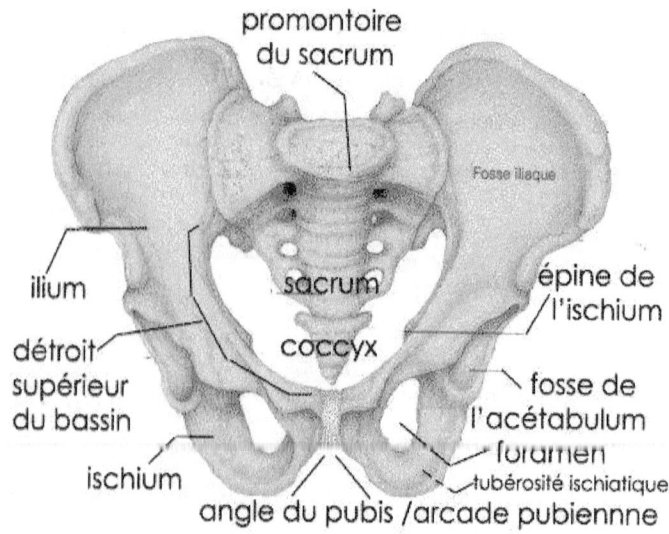

Vue antérieure du bassin

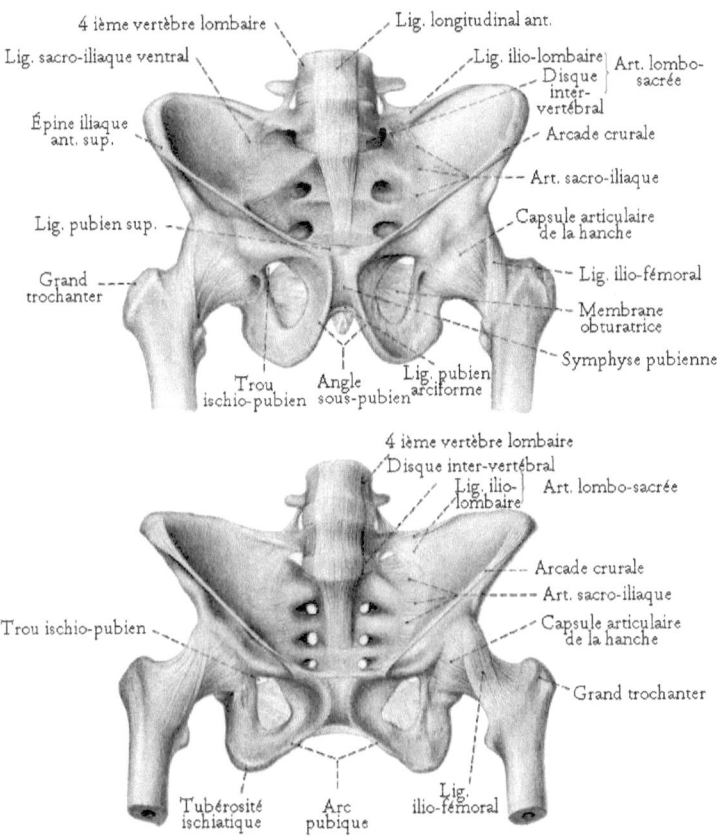

Vue antérieure et postérieure du bassin avec ses ligaments

Le fémur

Le fémur ne descend pas directement à la verticale vers le sol mais il est incliné à l'intérieur vers le bas. Le corps du fémur est massif, triangulaire si on le coupe en deux.

L'extrémité supérieure comporte 4 éléments :

- La tête du fémur
- Le col du fémur
- Le Grand Trochanter
- Le Petit Trochanter

En arrière, le fémur est parcouru par la Ligne Apre où viennent s'attacher 9 muscles de la hanche, que nous verrons au fur et à mesure. D'où l'importance de masser les muscles de l'arrière de la jambe quand vous massez les quadriceps, côté antérieur.

Les muscles fessiers (du plus profond au plus superficiel)

Le muscle Petit Fessier (gluteus minimus)

Ce muscle naît de la fosse iliaque externe en avant du moyen fessier. Il se termine sur la face antérieure du Grand Trochanter.

Son action :

- Abduction de la hanche + rotation interne
- Entraine le bassin en antéversion s'il agit des deux côtés
- Fait une inclinaison latérale externe + rotation externe du bassin s'il agit d'un seul côté

Le muscle Moyen Fessier (gluteus medius)

Ce muscle nait sur la partie moyenne de la fosse iliaque externe par une large insertion en éventail. Ses fibres convergent vers le Grand Trochanter et se terminent sur sa face externe.

Son action :

- o Abduction de la hanche
- o Entraine le bassin en antéversion par ses fibres antérieures
- o Entraine le bassin en rétroversion par ses fibres postérieures
- o Inclinaison latérale externe du bassin s'il agit d'un seul côté
- o Stabilise le bassin, l'empêchant de « tomber », lors de la marche, par exemple.

Le muscle Grand Fessier (gluteus maximus)

C'est un des muscles les plus volumineux et les plus puissants du corps. Il est en deux plans : superficiel et profond.

Il nait sur la face postérieure du sacrum et du coccyx et sur la fosse iliaque externe.

Le plan profond se termine sur la Ligne Apre du fémur.

Le plan superficiel se termine sur le Facia Lata.

Le Grand Fessier est recouvert sur le plan superficiel en arrière par le Deltoïde Fessier.

Son action :

- o Il attire le fémur en arrière (extension de la hanche) + rotation interne
- o Entraine le bassin en rétroversion s'il agit des deux côté à la fois
- o Entraine l'iliaque en rétroversion + rotation interne + inclinaison latérale interne s'il agit que d'un seul côté.

Le muscle Pyramidal (piriformis)

Il vient de la face antérieur du sacrum, il se dirige en dehors et en bas pour se terminer sur la face supérieure du Grand Trochanter. Pour le masser, on ira chercher la tubérosité ischiatique (un puits…) entre le sacrum et le Grand Trochanter.

Son autre dénomination est muscle « Piriforme ».

Son action :

- o Si le sacrum est fixe : entraine le fémur en rotation externe + abduction + flexion
- o Si le fémur est fixe : entraine une rétroversion du bassin s'il agit des deux côtés
- o S'il agit d'un seul côté : rotation interne du bassin sur le fémur

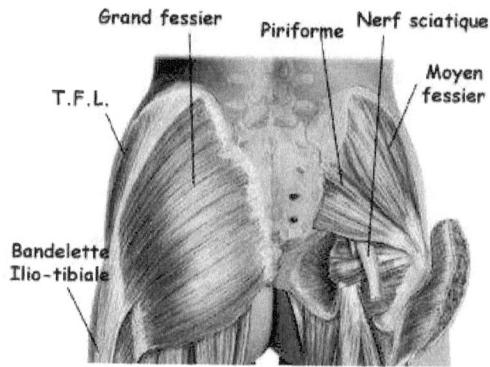

Photo D.R.

Les muscles postérieurs de la jambe ou muscles Ischios-Jambiers

A l'arrière de la cuisse, 3 muscles longs forment un ensemble. Ils partent tous de l'ischion (tubérosité ischiatique), à l'arrière de l'os iliaque, et se terminent sur les os de la jambe.

Les tendons des muscles Ischios-Jambiers délimitent en partie le Creux Poplité.

Du plan le plus profond au plus superficiel, nous trouverons :

Le muscle Demi-Membraneux (semi-membranosus)

Il se situe sous le long biceps. Il se termine à l'arrière et à la partie interne du plateau tibial. Pour la palpation, il se trouve côté intérieur de la cuisse

Le muscle Semi-tendineux (semi-tendinosus)

Il se termine sur la patte d'oie, vers l'avant du tibia. On peut palper un long tendon côté intérieur de la cuisse.

Il est disposé en arrière du Demi-Membraneux

Le muscle Long Biceps (biceps femoris caput longum)

Il se termine sur la crête du péroné. Pour la palpation, il se trouve à l'extérieur de la cuisse

Leurs actions :
- o Ils sont tous les trois polyarticulaires, franchissant la hanche et le genou, ayant une action combinée sur ces deux articulations
- o Si os iliaque fixe : entraine le fémur en extension + entraine le genou en rotation externe
- o Si le membre inférieur est fixe : entraine le bassin en rétroversion
- o Les deux muscles internes entrainent le genou en rotation interne

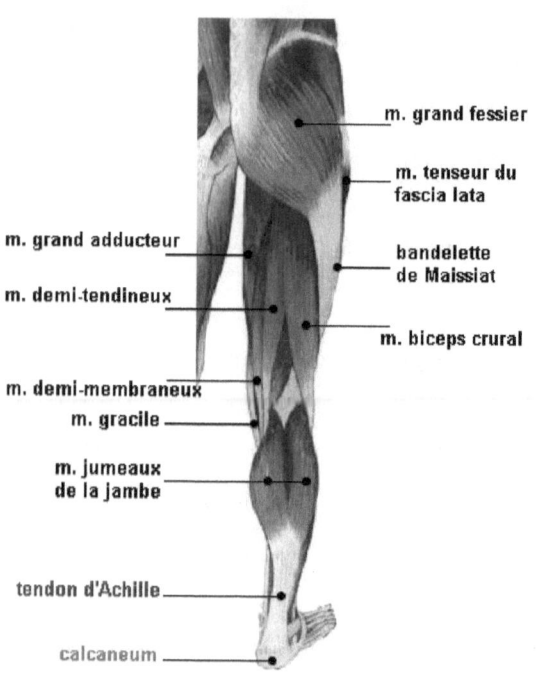

Membre inférieur : vue postérieure

Photo D.R.

Les muscles Adducteurs de la jambe

On groupe sous ce terme 5 muscles qui occupent la partie interne de la cuisse. Ils s'attachent sur le pubis en s'échelonnant. Ils aboutissent sur la Ligne Apre du fémur.

<u>Le muscle Pectiné</u> (pectineus)

Il s'insère sur la partie haute du pubis.

Son action : adduction + flexion + rotation externe (un petit peu)

<u>Le muscle Petit Adducteur</u> (adductor brevis)

Il s'insère sur la partie haute du pubis.

Son action : adduction + flexion (moins que le Pectiné) + rotation externe

<u>Le muscle Moyen Adducteur</u> (adductor longus)

Il s'insère presque entièrement en avant du Petit Adducteur.

Son action : les mêmes que le Petit Adducteur et le Pectiné

<u>Le muscle Droit Interne</u> (gracilis)

Il est dénommé également le muscle Gracile. C'est le muscle le plus superficiel. Il est bien visible sur le membre inférieur vu de dos.

Il nait le plus en avant sur le pubis, descend verticalement le long de la cuisse (face interne), et se termine sur la patte d'oie du Tibia (face interne du tibia).

Il franchit la hanche et le fémur.

Son action : adduction + flexion du genou + rotation interne du tibia

Le muscle Grand Adducteur (adductor magnus)

C'est un muscle large et triangulaire qui s'incère de l'os iliaque jusqu'à la Ligne Apre du fémur.

Son action : adducteur + flexion et rotation externe du fémur

Les muscles se reliant sur la patte d'oie (partie supéro-interne du tibia) sont :
Le Semi tendineux, le Droit Interne, le muscle Couturier (ces deux derniers muscles font partie des abducteurs de la jambe). Nous verrons comment les relâcher en massage sportif.

Les muscles Abducteur de la jambe

Le muscle Tenseur du Facia Lata (tensor fasciae latae)

Son nom, Facia Lata, vient du latin « large bandage ». Il commence sur l'épine iliaque antéro-supérieure (en haut et devant l'os iliaque). Se prolonge sur le *trochanter* et se termine sur le condyle (l'os) latéral du tibia.

Son action :

- o Si l'iliaque est fixe : entraine le fémur en flexion + rotation interne + abduction
- o Au niveau du genou fléchi : extension du genou + rotation externe
- o S'il agit d'un seul côté : entraine l'iliaque en antéversion + inclinaison latérale externe + rotation externe
- o S'il agit des deux côtés : entraine le bassin en antéversion

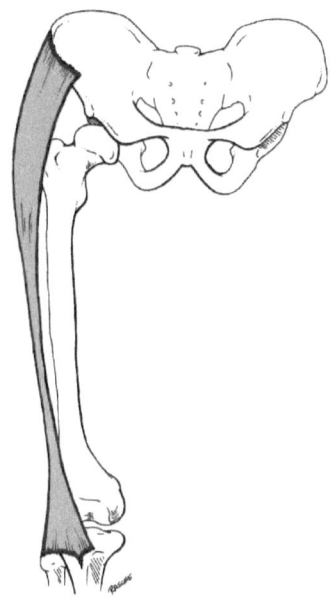

Muscle et tissus fibreux du Facia Lata (Photo D.R.)

Le muscle Couturier (sartorius)

Il s'insère depuis l'Epine Iliaque Antéro-Supérieur (EIAS), descend le long de la cuisse en la contournant par en-dedans, pour se terminer sur le haut du tibia sur la patte d'oie.

C'est le muscle qui sert à se mettre « en tailleur ».

Son action :
- o Hanche : abduction
- o Genou et tibia : rotation interne
- o Fémur : flexion + rotation externe + abduction
- o Bassin : antéversion + rotation interne + inclinaison latérale externe

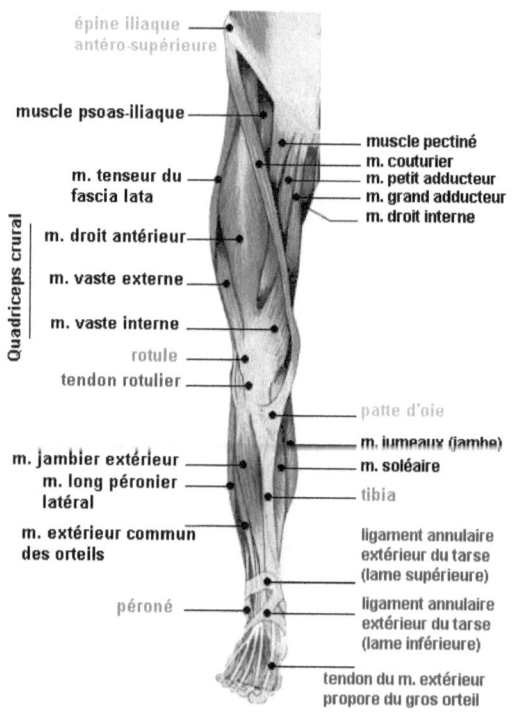

Les différents muscles de la jambe antérieure

Photo D.R.

Les muscles Quadriceps (quadriceps femoris)

Ce muscle est en 4 faisceaux (« chefs ») qui se terminent sur un tendon commun qui enjambe la rotule, s'y attache en partie, puis forme le Tendon Rotulien. Celui-ci se termine sur le Tubérosité Antérieur du Tibia (TTA). L'ensemble de ces 4 muscles fait l'extension du genou. C'est un des muscles les plus forts du corps.

Le muscle Crural (vastus intermedius)

C'est le plus profond des 4 muscles. Il s'attache sur le corps de fémur, dans les 2/3 supérieurs et ses fibres suivent l'axe du fémur.

Il est recouvert par le muscle Vaste Externe et Vaste Interne.

Son action : il participe au retour de la flexion du tibia

Le muscle Vaste Externe (à l'extérieur de la cuisse) (vastus lateralis)

Ses fibres sont obliques, de haut en bas et vers le centre. Il s'insère sur la Tubérosité Tibial Antérieure (TTA) et sur le fémur en arrière (Ligne Apre). Il a le même rôle que le muscle Crural.

Son action : abduction de la hanche + rotation externe du tibia/péroné quand le genou est fléchi.

Le muscle Vaste Interne (à l'intérieur de la cuisse) (vastus medialis)

Il nait sur la crête interne de la ligne Apre. Tout comme le Vaste Externe, il s'enroule de part de d'autre du fémur pour se diriger vers l'avant de la cuisse.

Son action : adduction de la hanche + rotation interne du genou

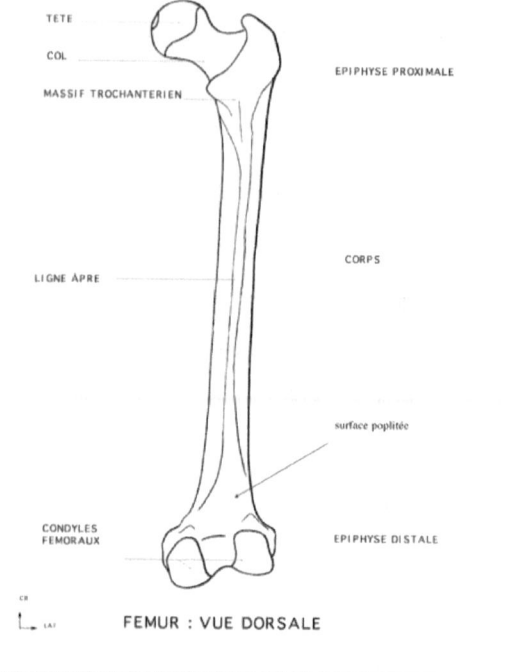

La Ligne Apre se situe au milieu du fémur

Le muscle Droit Antérieur (rectus femoris)

Il nait sur l'os iliaque, sur l'Epine Iliaque Antéro-Inférieur (EIAI), il descend en avant des 3 chefs précédents jusqu'au tendon commun. Il franchit deux articulations (hanche et genou) contrairement aux autres muscles qui ne franchissent que le genou.

Lors d'un étirement du Droit Antérieur (talon contre fesse), 3 compensations sont à éviter : la cambrure du dos, le flexum de la hanche et l'abduction de la cuisse et du genou.

Son action :
- o Si bassin est fixe : flexion de la hanche + extension du genou
- o Si fémur ou tibia fixe : antéversion du bassin + extension du genou
- o La flexion complète du genou (genou vers la poitrine) étend le crural et les vastes
- o Le raccourcissement du Droit Antérieur est souvent responsable de l'attitude de la hanche en flexion (qui se traduit par l'antéversion du bassin)

Le Genou

L'articulation du genou est maintenue par une Capsule (manchon) épaisse (il fait un pli au dessus de la rotule quand la jambe est allongée). Le fémur, le tibia et la rotule sont réunis dans une même chambre articulaire dans laquelle circule la même synovie.

En flexion, le genou roule puis glisse sur la glène
En extension, le genou glisse puis roule sur la glène.

Les ménisques

Les ménisques internes et externes sont deux lamelles de cartilage fibreux en forme de croissant posé sur les glènes.

Ils sont mobiles lors des mouvements du genou.

Son action :
- o Au cours de leur déplacement, ils augmentent la répartition du liquide synovial
- o Ils augmentent la surface d'appui donc meilleure répartition des pressions
- o Ils augmentent la concavité des glènes, donc meilleure stabilité
- o En flexion du genou : les ménisques reculent

- En extension du genou : les ménisques avancent
- En rotation du genou : le ménisque part en avant du côté de la rotation

Les ligaments du genou

- Les **ligaments croisés** permettent d'éviter les mouvements « en tiroir ». Ils sont pratiquement toujours tendus quelle que soit la position du genou.

- **Ligament latéral interne** : s'attache en haut de la face latérale du condyle interne et va su l'arrière de la patte d'oie (surface interne du tibia). Sa direction est oblique, en bas et en avant.
- Il empêche le genou de « bailler » côté interne

- **Ligament latéral externe** : s'attache en haut de la face externe du condyle externe et va sur le sommet de la tête du péroné. Sa direction est oblique, en bas et en arrière.
- Il empêche le genou de bailler côté externe

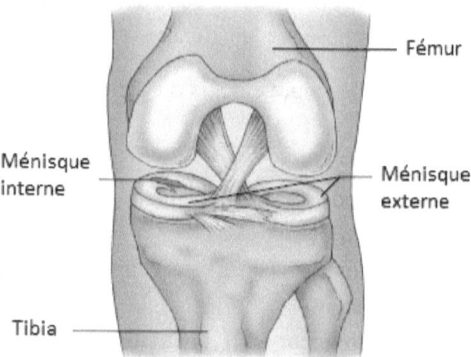

Face arrière du genou gauche

La Rotule

C'est un petit os court situé en avant du fémur et comme enchâssé dans le tendon du quadriceps. Il est à la fois rattaché au genou et mobile à celui-ci.

Elle est reliée aux condyles et aux ménisques par des ligaments, mais surtout reliée au tendon du quadriceps appelé Tendon Rotulien qui s'attache à la Tubérosité Tibial Antérieure.

Son action : il sert de protection du tendon du quadriceps lors des mouvements de flexion. Ce tendon glisse dans la gorge de la trochlée, comme une corde dans une poulie.

Les muscles de la jambe antérieure

Les muscles de la jambe agissent sur le pied. Mais ces muscles n'appartiennent pas aux os du pied.

Groupe antérieur :

Le muscle Jambier Antérieur (tibialis anterior)

Il se nomme parfois Jambier Extérieur. Il s'attache sur la face externe du tibia au niveau des 2/3 supérieurs. Son tendon descend un peu vers l'intérieur et se termine sur le 1° Cunéiforme et sur le 1° métatarsien.

Son action : il fait la flexion dorsale du pied. Il est supinateur (élève le bord interne du pied).

Le muscle Extenseur propre du premier orteil (extensor hallucis longus)

Il s'attache sur la face interne du péroné. Son tendon descend vers l'intérieur, longe le dessus du pied et se termine sur la base de la 2° phalange du premier orteil.

Son action : il relève le premier orteil, entraînant le pied et la cheville. Il est donc supinateur.

Le muscle Extenseur Commun des orteils (extensor digitorum longus)

Il s'attache sur la face interne haute du péroné. Il donne un tendon qui se divise en 4 portions sur le pied. Chacun se dirige vers un des orteils 2, 3, 4, 5, sur la deuxième phalange.

Son action : il relève les orteils 2 à 4.

Groupe externe :

Ce sont 2 muscles qui stabilisent le pied en appui, empêchant son déséquilibre vers l'extérieur. Ils sont visibles dans l'équilibre sur demi-pointes du pied.

Le muscle Long Péronier Latéral (peroneus longus)

Il s'attache sur le péroné. Son tendon se courbe en 3 fois : derrière la malléole externe, sous le tubercule des péroniers, contre le bord externe de l'os cuboïde où il vient s'attacher sur la base du 1° métatarsien.

Son action : il relève le bord externe du pied et abaisse le bord interne. Il est donc pronateur.

Le muscle Court Péronier Latéral (peroneus brevis)

Il s'attache à la partie inférieure du péroné, passe par la face externe du calcanéum et se termine sur la base du 5° métatarsien.

Son action : il participe à la flexion plantaire de la cheville. Il relève le bord externe du pied. C'est un pronateur.

Groupe postérieur :

Le muscle Long Fléchisseur Commun des orteils (flexor digitorum longus pedis)

Ce muscle vient de la face postérieure du tibia (partie interne). Passe contre la malléole interne, puis sous le pied où son tendon se divise en 4 portions qui viennent chacune se terminer sur la 3° phalange.

Son action : il fait la flexion plantaire de la 3° phalange, entraînant les autres phalanges. Il est supinateur.

Le muscle Jambier Postérieur (tibialis posterior)

Il vient de la face postérieure du tibia et de la face postérieure du péroné. Passe en arrière de la malléole et se termine sur le bord interne du Scaphoïde.

Il peut être douloureux lors d'une sciatique.

Son action : supination + adduction au niveau de la moitié du pied. Il stabilise la cheville.

Le muscle Long Fléchisseur propre du 1° orteil (flexor hallucis longus)

Il s'attache sur la face postérieure du péroné. Passe à l'arrière de l'Astragale et se termine sur la 2° phalange du 1° orteil.

Son action est mise en jeu dans la marche, dans la propulsion, juste avant que le pied ne quitte le sol.

Autre action : il fait la flexion plantaire de la 2° phalange du 1° orteil.

Couche superficiel du groupe musculaire postérieur (Triceps Sural):

Le Muscle Soléaire (soleus)

C'est le chef le plus profond. Il vient à l'arrière du tibia et du péroné. Il franchit deux articulations : la cheville et la sous-astragalienne.

Les muscles Jumeaux (gastrocnemii)

Ils recouvrent le muscle Soléaire. Ils viennent de la partie inférieure du fémur, par un tendon qui coiffe chaque condyle à l'arrière.

Ils forment le galbe du mollet. Il franchisse le genou, la cheville et la sous-astragalienne.

Son action :

- o L'ensemble du muscle entraîne le calcanéum en flexion plantaire sous l'astragale.
- o Il participe aussi à la flexion du genou (pour les jumeaux)
- o Pour étirer les jumeaux, il faut y ajouter une extension du genou en plus de l'appui sur le talon.

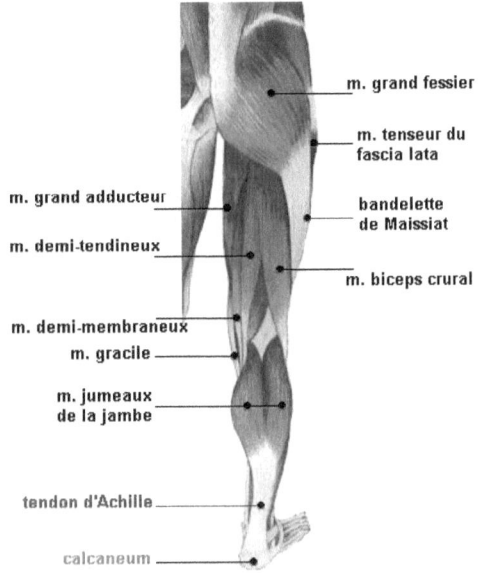

Membre inférieur : vue postérieure

Photo D.R.

Les membres supérieurs

L'humérus est l'os du bras. On distingue aux deux extrémités des saillies : l'épitrochlée (en dedans) et l'épicondyle (en dehors). On trouve beaucoup d'insertions musculaires dans l'épitrochlée.

Entre ces deux extrémités se trouvent deux surfaces articulaires en forme de diabolo, la Trochlée Humérale (en forme de bouchon de champagne) et le Condyle Huméral (petite portion du diabolo).

Le coude, formé par l'extrémité du Cubitus entoure la trochlée humérale et de condyle huméral. Ils sont reliés par une capsule et des ligaments. La capsule (faite de collagène) et les ligaments sont très innervés.

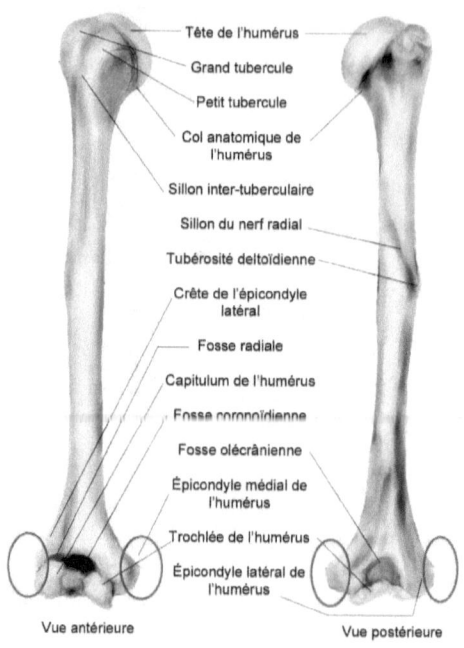

L'os Humérus

Les muscles de la flexion du bras :

Le muscle Brachial Antérieur (brachialis)

Ce muscle naît à la face antérieure de l'humérus et se termine sur la face antérieure de l'Apophyse Coronoïde du cubitus (sous la trochlée humérale, à l'opposé de l'olécrâne).

C'est le plus profond, donc peu palpable, mais on peut le voir quelques fois sous le biceps quand l'on contracte l'avant-bras lors d'une flexion du coude, l'avant-bras en pronation.

Son action : c'est un fléchisseur du coude

Les muscles Biceps Brachial (biceps brachii)

Ils sont composés du **Long Biceps** qui nait au dessus de la glène de l'omoplate par un tendon, et du **Court Biceps** qui nait par un tendon sur l'Apophyse Coracoïde.

L'ensemble du muscle descend le long du bras, puis forme un tendon unique. Celui-ci passe en avant de l'articulation du coude puis se termine sur le haut du radius, sur une zone appelée **Tubérosité Bicipitale**.

Son action :
- Au niveau du coude : flexion + supination
- Au niveau de l'épaule : antépulsion + adduction (long biceps) + abduction (court biceps)

Les muscles de l'extension du bras :

Les muscles Triceps (triceps brachii)

Le Long Triceps nait d'un tendon de la partie inférieure de l'omoplate.

Le Vaste Externe nait sur la face postérieure de l'humérus, le long du bord externe dans la moitié supérieure.

Le Vaste Interne nait sur la face postérieure de l'humérus dans la moitié inférieure

Ces 3 muscles se réunissent sur un tendon commun large et aplati qui se termine sur la face supérieur de l'Olécrâne.

Son action :
- L'ensemble du muscle fait l'extension du coude
- Le Long Triceps participe à l'adduction et à la rétropulsion du bras (de part son attache sur l'omoplate)

Le muscle Anconé (anconeus)

Ce petit muscle nait sur l'humérus (face postérieur de l'épicondyle) et se termine sur la face postérieure du cubitus (quart supérieur). Il est souvent impliqué dans le Tennis Elbow (épicondylite).

Son action : il est extenseur du coude

Les muscles de l'avant-bras (muscles superficiels extenseurs) :

Le muscle Long Supinateur (brachio-radialis)

Ce muscle nait sur le bord externe de l'humérus (tiers inférieur), il longe l'avant-bras, et se termine sur l'Apophyse Styloïde du radius.

Il apparait bien lors de sa contraction avec l'avant-bras positionné en « bras de fer »

Son action : il fait la flexion du coude

Le muscle Long Extenseur du Carpe

Il nait sur la partie extérieure du l'humérus (sur la crête au dessus du condyle latéral) et se termine sur la base de la 1° phalange du 2° doigt.

Son action : il est extenseur et abducteur de la main au poignet

Le muscle Court Extenseur du Carpe

Il nait depuis l'épicondyle et va jusqu'à la base 1° phalange du 3° doigt

Son action : il est extenseur et abducteur de la main au poignet

Le muscle Extenseur Commun des doigts (extensor digitorum)

Il naît de la partie basse de l'humérus, sur l'épicondyle. Il descend à l'arrière de l'avant-bras puis forme 4 tendons terminaux. Chaque tendon se dirige vers un doigt.

Le muscle Extenseur du 5° petit doigt (extensor digiti minimi)

Il naît depuis la partie inférieure de l'humérus sur l'épicondyle et se termine sur la phalange du petit doigt.

Son action : il étend le 5° doigt. Il participe aussi à l'extension du poignet quand les doigts sont tendus.

Le muscle Extenseur Ulnaire du carpe (ulnaire : cubitus)

Ce muscle possède 2 chefs : l'un naît sur l'épicondyle de l'humérus et l'autre du bord externe du cubitus (Ulna). Ils se terminent sur la base du 5° doigt.

Son action : extenseur et abducteur de la main à l'articulation du poignet

Les muscles de l'avant-bras (muscles superficiels fléchisseurs) :

Le muscle Long Fléchisseur du pouce (flexor pollicis longus)

Il naît sur le radius, descend en avant de l'avant-bras, passe sous le ligament annulaire (ligament perpendiculaire aux os, d'un bord à l'autre du poignet), pour se terminer sur la base de la 2° phalange du pouce. Son action : c'est un fléchisseur du pouce.

Les muscles Fléchisseurs Commun des doigts (flexor digitorum superficialis)

Il nait depuis deux parties différentes : l'épitrochlée et le bord antérieur du radius

Il forme 4 tendons qui passent par le tunnel carpien puis se dirigent vers les 4 derniers doigts.

Son action : il fléchit la 2° phalange sur la première.

Le muscle Rond Pronateur (pronator teres)

Il nait sur l'humérus (épitrochlée), se dirige en oblique pour se terminer sur la face externe du radius (partie moyenne).

Son action : pronation de l'avant-bras + flexion du coude

Le muscle Petit Palmaire (palmaris longus)

Prends sa source depuis l'épitrochlée et se termine sur le ligament annulaire du poignet (carpe)

Son action : il participe à la flexion du poignet.

Le muscle Grand Palmaire (flexor carpi radialis)

Depuis l'épitrochlée jusqu'à la base du 2° métatarse en passant dans le tunnel carpien.

Son action : il fait la flexion du poignet.

Le muscle Cubital Antérieur (flexor carpi ulnaris)

Il nait sur l'épitrochlée, puis son tendon descend le long du cubitus (partie interne), longe la styloïde cubital pour se terminer sur l'os Pisiforme (os extérieur du poignet)

Son action : flexion du poignet + adduction

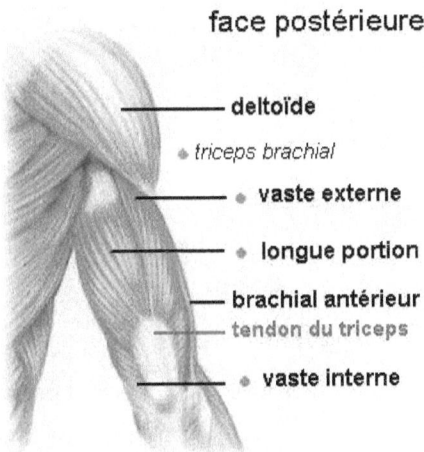

Photo D.R.

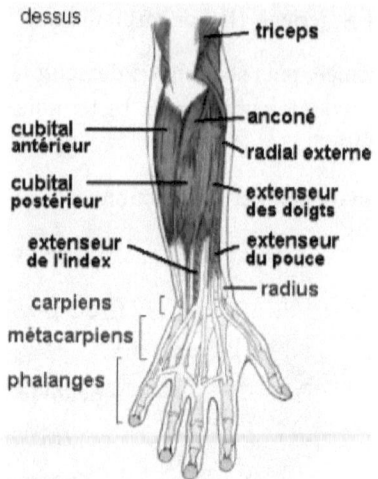

Photo D.R.

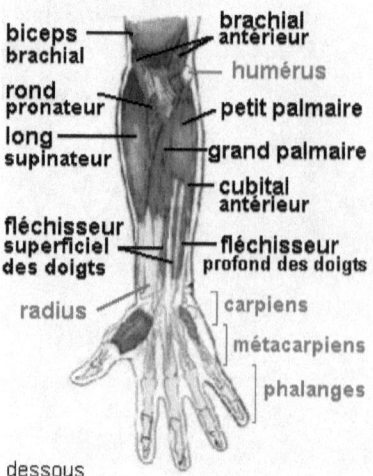

Photos D.R.

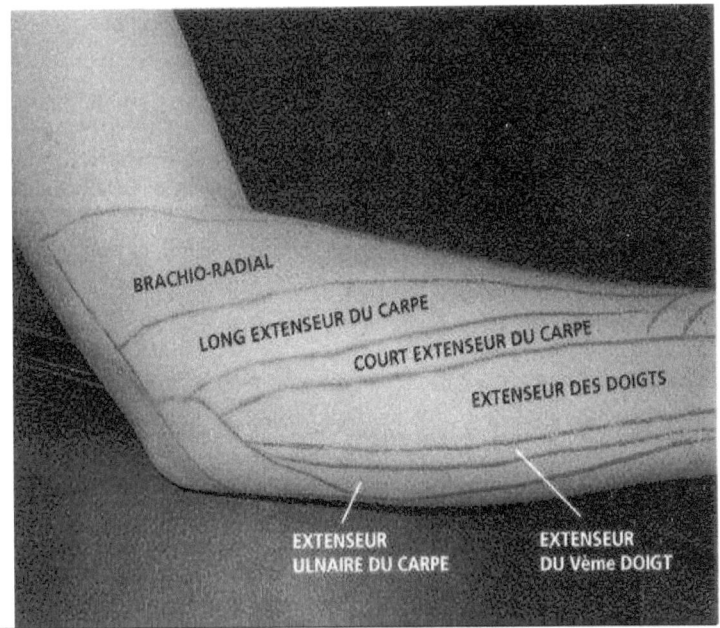

Les principaux muscles du bras (Photo D.R.)

Pour les épicondylites (Tennis Elbow)

Il existe plusieurs solutions pour atténuer la douleur los d'un Tennis Elbow :

Décoller la peau sur le condyle (style pétrissage) pour activer la micro-circulation dans la capsule.

Faire des mouvements passifs pour lubrifier le cartilage :

- Flexion maximal + adduction
- Flexion maximal + abduction
- Pronation + supination

Dé-coaptation en mouvement passif (mettre un petit coussin au milieu du coude) et plier le bras en écrasant le coussin.

Masser le dos, les cervicales et les muscles de l'épaule jusqu'au coude.

Pour le Canal Carpien (symptômes et solutions) :

Le syndrome du canal carpien définit une compression du nerf médian localisé dans la paume de la main. Ce nerf assure une sensibilité au niveau des pulpes du pouce, de l'index et du majeur de même que l'innervation motrice d'un certain nombre de muscles du pouce. En effet le nerf médian traverse le canal carpien associé aux tendons fléchisseurs des doigts.

Si les muscles fléchisseurs sont trop toniques et trop courts, ils vont abimer le ligament annulaire, d'où un rétrécissement du muscle Long Palmaire.

Etirer alors les fléchisseurs + bras en ouverture (étirement des pectoraux + muscles du cou.

Faites des exercices d'étirement des muscles fléchisseurs 2 fois par jour (30 secondes à 2 minutes).

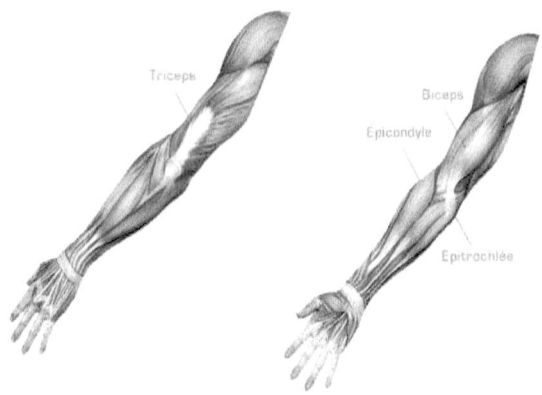

Photo D.R.

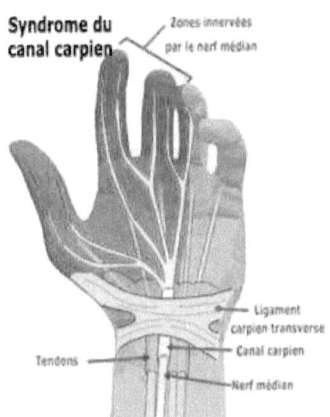

Photo D.R.

CHAPITRE 4

Les différentes manœuvres en massage du sportif

En premier lieu, nous aborderons le massage de préparation à l'effort où le massé reste habillé ou déshabillé sans utilisation d'huile ou d'onguent pour glisser, puis le massage de préparation à l'effort avec de l'huile. Nous poursuivrons avec le massage de récupération après l'effort avec de l'huile, pour finir avec le massage de récupération sans huile (manœuvres à base d'étirements).

Définitions :

- Décubitus dorsal : le massé est allongé sur le dos.
- Décubitus ventral : le massé est allongé sur le ventre.
- Main caudale : c'est la main du masseur la plus proche du pied du massé.
- Main céphalique : c'est la main du masseur la plus proche de la tête du massé.

Massage de préparation à l'effort

<u>Massage de préparation de la cuisse</u> (massé habillé, se pratique sans huile)

Objectif : échauffement de la cuisse avec les doigts, sous forme de « pince ».

Position du massé : en décubitus dorsal. Les jambes sont étendues.

Position du masseur : du même côté que la manœuvre, les pieds parallèles.

Technique : d'une manière alternative, les mains viennent prendre les muscles de la cuisse puis les relâchent rapidement. Le masseur peut commencer en haut de la cuisse pour descendre au fur et à mesure en direction du genou. A chaque impact, le masseur doit sentir sa paume en contact avec la cuisse du massé.

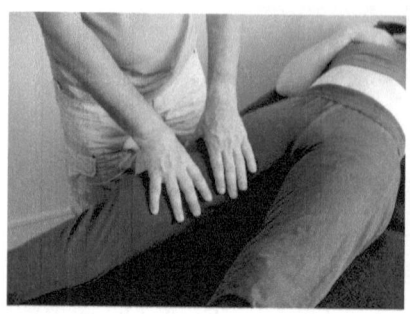
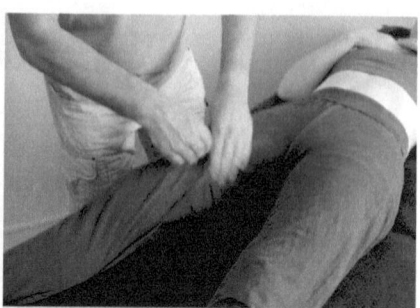
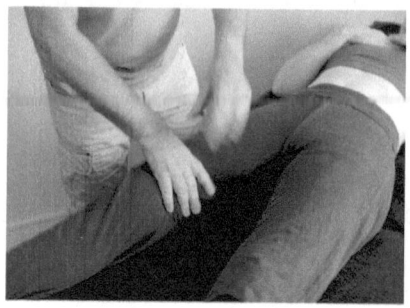
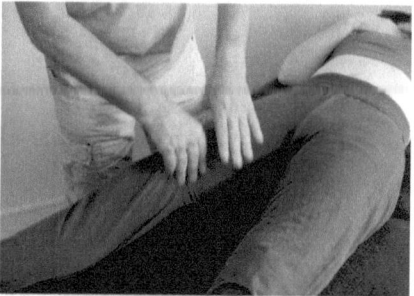
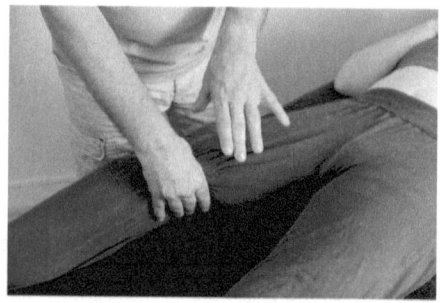

Lâcher du genou (se pratique habillé ou non, sans huile)

Objectif : relâcher et chauffer la cuisse grâce à la création d'ondes de vibrations.

Position du massé : en décubitus dorsal. Les jambes sont étendues.

Position du masseur : du même côté que la manœuvre. Ses mains enserrent fortement le genou de chaque côté. Les doigts se retrouvent l'une sur l'autre sous le genou.

Technique : d'une manière très volontaire et très rapide, le masseur va « taper » le genou contre la table, en aller-retour. Ceci va créer une onde de choc qui fera vibrer la cuisse pour la relâcher et l'échauffer. Ce sont les mains du masseur qui reçoivent le contact avec la table, donc le genou sera bien sûr protégé du choc. Le genou ne devra pas décoller très haut de la table pour que la manœuvre soit rapide et efficace.

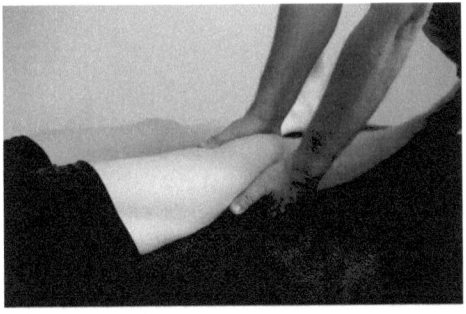

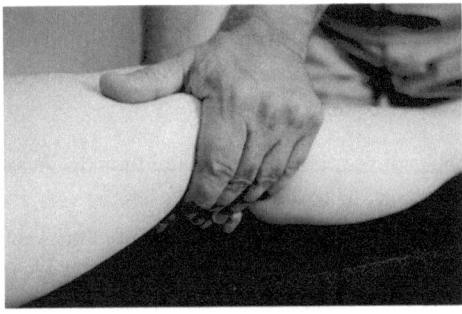

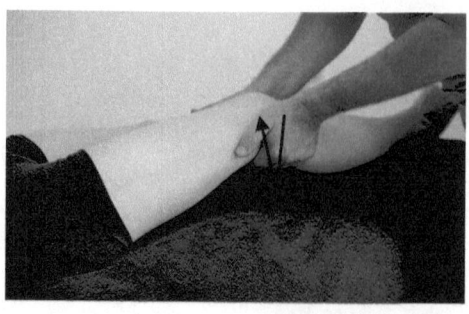

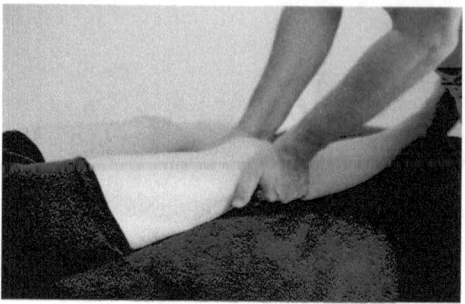

<u>Mobilisation du genou (mouvement de pédalage)</u> Se pratique avec ou sans huile

Objectif : chauffer rapidement le genou de chaque côté. Cette manœuvre peut se faire avec ou sans huile (sur les vêtements).

Position du massé : en décubitus dorsal. La jambe est pliée et le pied est calé sous la fesse du masseur.

Position du masseur : assis sur la table, il cale le pied sous une fesse. Ses mains sont ouvertes, doigts vers le haut. C'est la paume de la main qui a le plus de contact avec chaque face du genou.

Technique : après avoir enserré ses mains autour du genou grâce au poids du corps (celui-ci vient du basculement du bassin vers l'avant), les mains tournent très rapidement sur elles-mêmes (mouvement de pédalage). Si le masseur effectue cette manœuvre sur les vêtements, les mains ne glissent pas mais mobilisent chaque face du genou en un mouvement de pédalage.

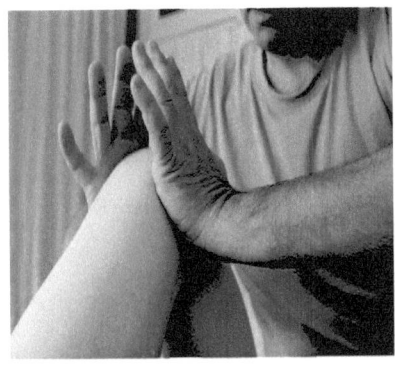
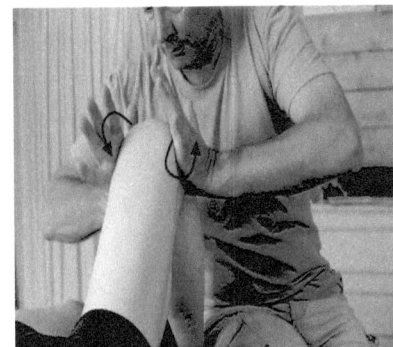

Mobilisation de la cheville (se pratique sans huile)

Objectif : mobiliser la cheville « en drapeau », c'est-à-dire la translater de gauche à droite le plus rapidement possible. Cette manœuvre permet à la cheville de se relâcher au maximum.

Position du massé : en décubitus dorsal. Les jambes sont étendues.

Position du masseur : au pied du massé. Chaque éminence thénar du pouce se place devant les malléoles, les mains bien droites et rigides.

Technique : les mains bougent à l'horizontal de la table, sans glisser mais en restant bien solidaires devant les malléoles.

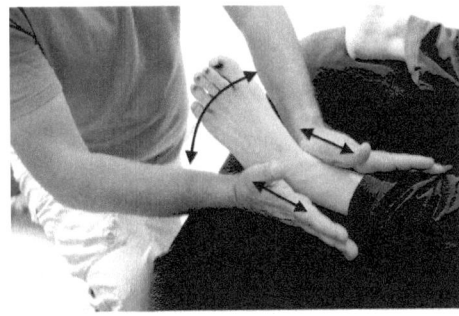

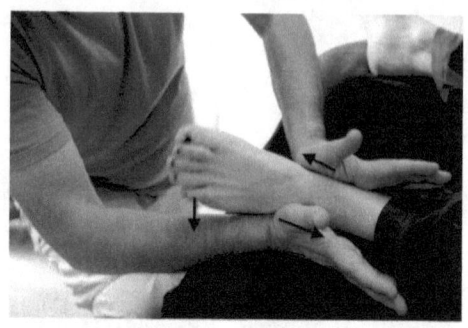

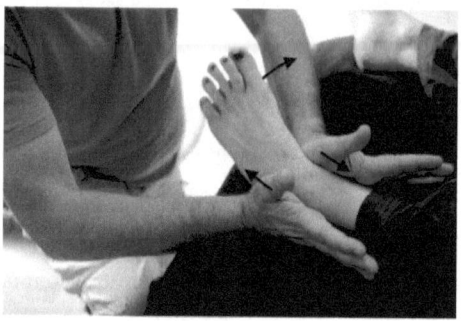

Mobilisation du pied (se pratique sans huile)

Objectif : mobilisation rapide de tout le pied afin de relâcher la cheville et les muscles du pied.

Position du massé : en décubitus dorsal. Les jambes sont étendues.

Position du masseur : aux pieds du massé. Les doigts, relâchés, sont en contact de chaque côté du pied.

Technique : comme si le pied était un biberon dans lequel on voudrait y mélanger des ingrédients, les mains alternent des allers-retours rapides de haut en bas. Les mains ne glissent pas sur la peau mais mobilisent tout le pied.

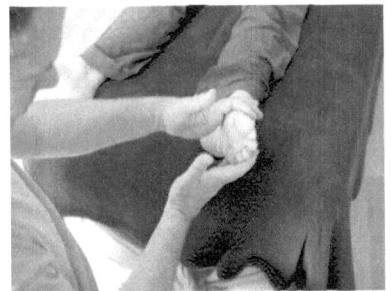

Face antérieure de la cuisse (avec huile de massage)

Objectif : massage superficiel et rapide de la cuisse pour la chauffer. Ce peut être une des premières manœuvres effectuées pour la préparation à l'effort. Donc celle-ci doit être rapide et légère, ce qui va permettre à la cuisse de bien chauffer.

Position du massé : en décubitus dorsal. Les jambes sont étendues.

Position du masseur : sur le côté du massé, les bras prêts pour impulser le poids du corps, les jambes sont en fente avant –fente arrière.

Technique : la main droite monte rapidement depuis le genou vers le haut de la cuisse, suivie par la main gauche, comme si les mains se poursuivaient l'une après l'autre. Ensuite, on inverse les mains pour recommencer la même manœuvre main gauche-main droite.

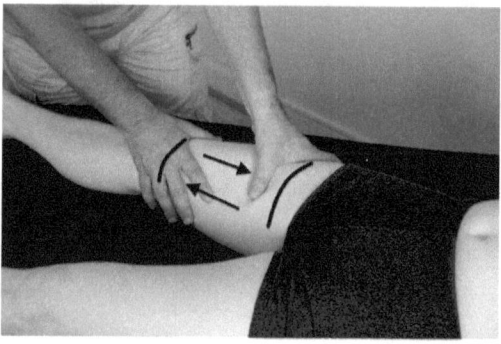

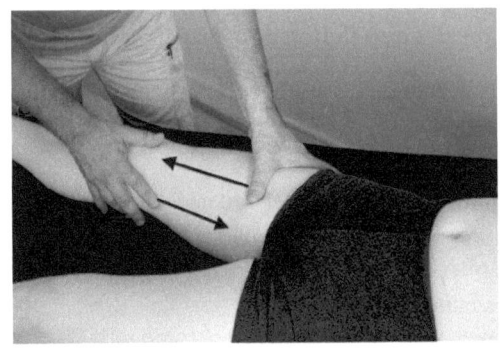

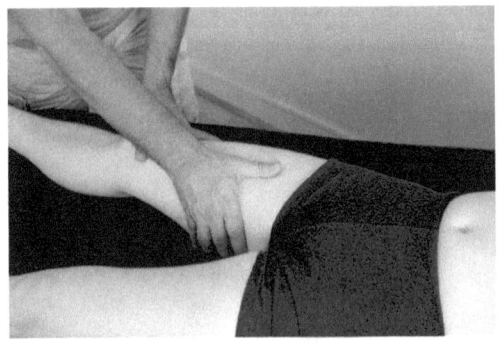

Massage de préparation à l'effort des adducteurs (avec huile)

Objectif : échauffement du muscle Droit Interne et des muscles adducteurs.

Position du massé : en décubitus dorsal, la jambe massée est pliée.

Position du masseur : après avoir « coincé » le pied du massé sous une fesse, le masseur impacte le talon de sa main au niveau de l'insertion du muscle Droit Interne. L'autre main est « à l'équerre » afin de faire relâcher et maintenir la cuisse du massé.

Technique : la manœuvre de la main simule un « au revoir » rapide avec une légère pression sur le muscle. Quand la zone en contact chauffe, le masseur décale sa main en direction du bas de la cuisse. Puis il attend de nouveau que la cuisse et sa main chauffent pour se décaler et ainsi de suite.

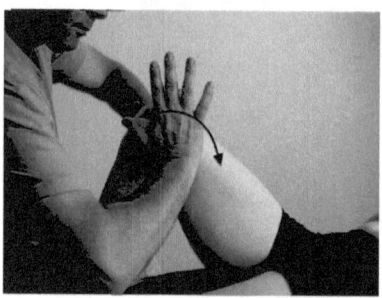 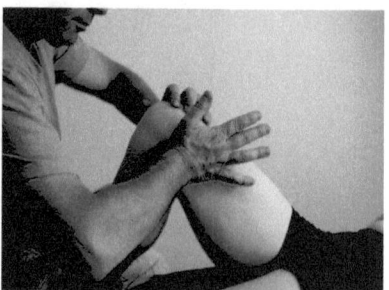

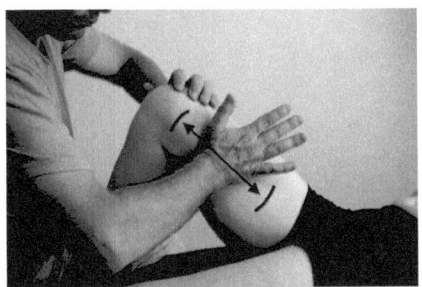

Massage de préparation à l'effort des adducteurs (avec huile)

Objectif : échauffement des muscles adducteurs avec le tranchant de la main.

Position du massé : en décubitus dorsal, la jambe massée est pliée.

Position du masseur : après avoir « coincé » le pied du massé sous une fesse, le masseur impacte la tranche extérieure de sa main au niveau des muscles adducteurs. L'autre main est « à l'équerre » afin de faire relâcher et maintenir la cuisse du massé.

Technique : la main interne à la cuisse est raidie, les doigts joints et s'impacte à 45° sur l'intérieur de la cuisse. D'une manière rapide et très légère, la main glisse en aller-retour depuis le genou jusqu'au bas de la cuisse. La main ne se décolle pas dans la manœuvre de retour.

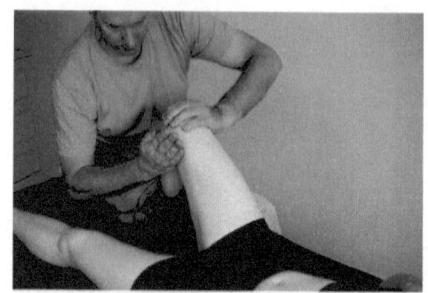
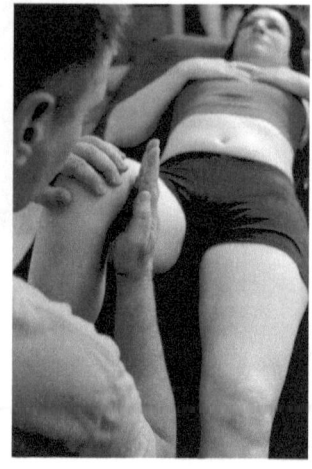
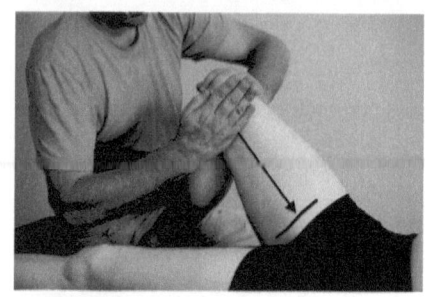
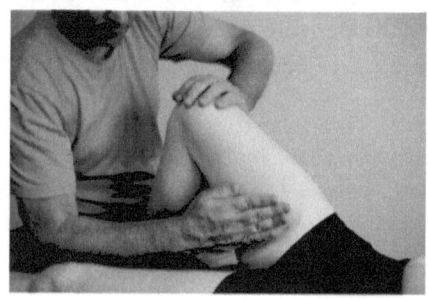
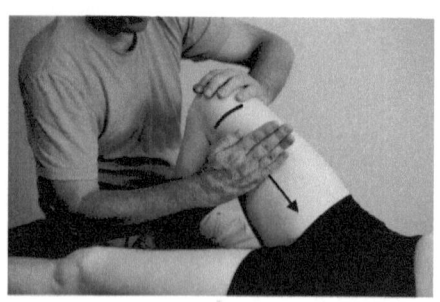

Massage de préparation du mollet (rotation des mains). Avec ou sans huile

Objectif : préparation de l'effort par l'échauffement du mollet depuis la cheville jusqu'au genou.

Position du massé : en décubitus dorsal.

Position du masseur : Assis sur le bord de la table, le pied du massé est coincé sous la cuisse du masseur. Les mains sont de chaque côté du mollet, les doigts légèrement raidis pour mettre un peu de pression dans la manœuvre.

Technique : les mains alternent rapidement et alternativement des pressions glissées de bas en haut, depuis la cheville jusqu'au genou. Plus les manœuvres seront rapides et légères, plus le pouvoir d'échauffement du mollet sera efficace.

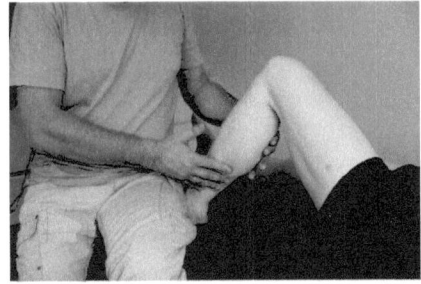

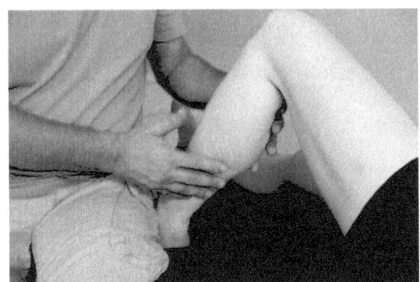

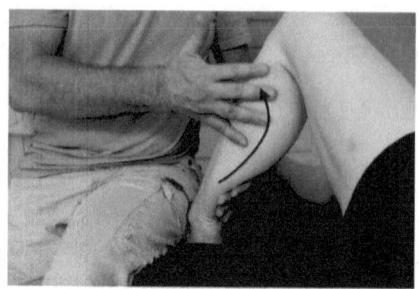

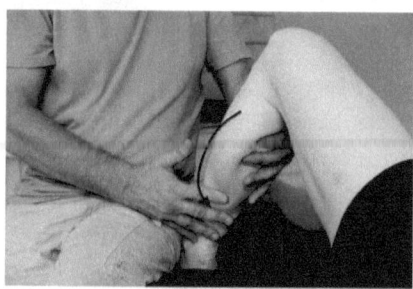

Jambier antérieur (se pratique avec ou sans huile)

Objectif : faire monter en température le muscle jambier antérieur.

Position du massé : en décubitus dorsal, les jambes étendues.

Position du masseur : au pied du massé, la main externe à plat (ou légèrement « en cuillère ») sur le jambier. L'autre main peut soutenir et maintenir le talon tout en restant sur la table.

Technique : la main part de la cheville pour glisser rapidement vers le genou et revenir tout aussi rapidement. Une très légère pression peut être mise sur le muscle.

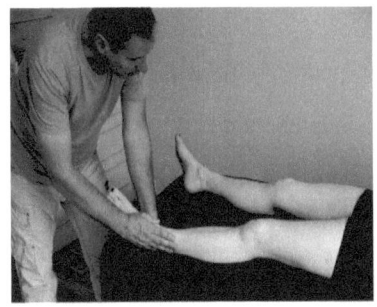
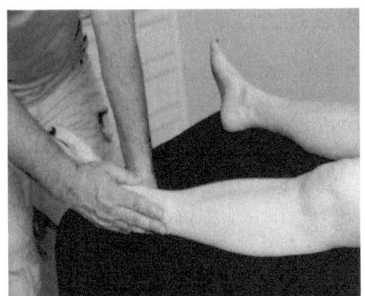
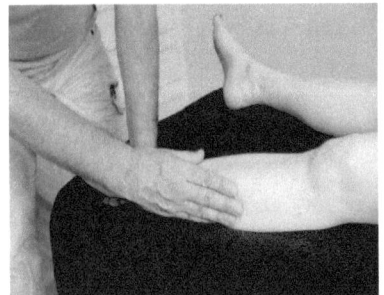
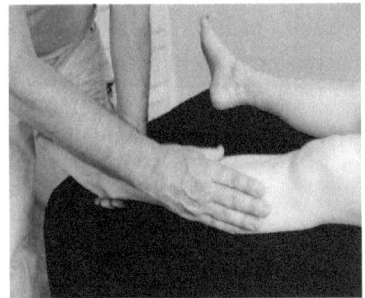
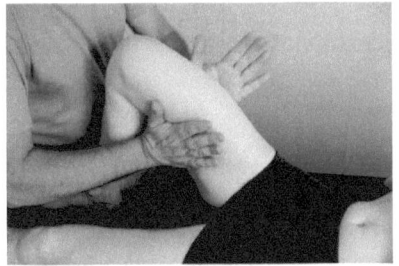

Vibration de la cuisse (se pratique sans huile)

Objectif : mobiliser rapidement la cuisse pour la relâcher à l'échauffement.

Position du massé : en décubitus dorsal, la jambe pliée.

Position du masseur : le pied du massé est glissé sous la cuisse du masseur pour permettre à la jambe de bien se relâcher. Les talons de la paume de main du masseur sont en forme de V et se positionnent de chaque côté de la cuisse, sous sa ligne médiale de celle-ci.

Technique : les mains impriment un mouvement rapide de haut en bas, au niveau des paumes de main. Sans huile, celles-ci mobilisent la cuisse mais les mains ne glissent pas sur la peau.

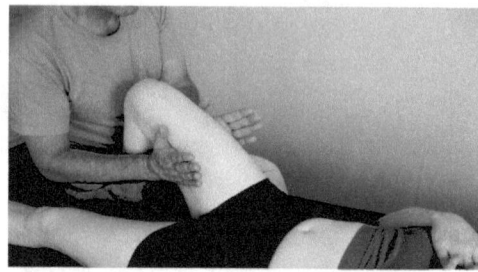

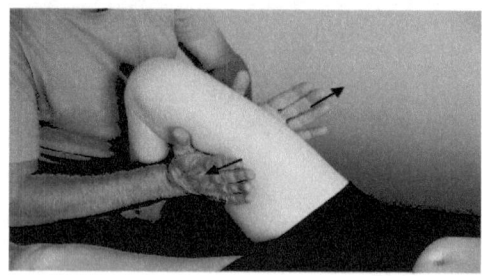

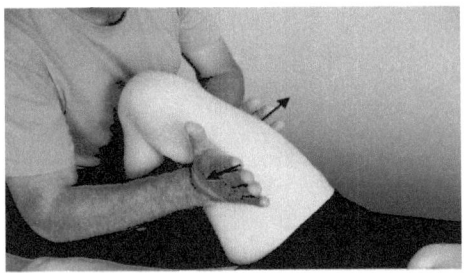

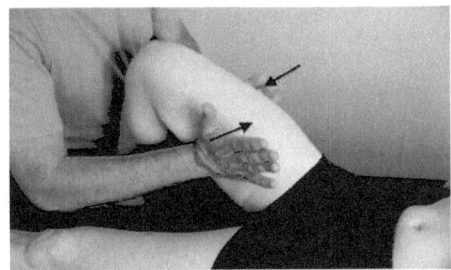

Massage de récupération après l'effort (avec l'huile)

Face antérieur de la cuisse, avec un retour en ballotage

Objectif : c'est l'une des premières manœuvres que l'on pourra faire. Il y a une pression glissé à l'aller et un ballotement de la cuisse au retour de la manœuvre.

Positon du massé : en décubitus dorsal, les jambes tendues.

Position du masseur : sur le côté du massé, les bras prêts à se poser avec le poids du corps sur la cuisse. Les mains sont l'une devant l'autre, la main céphalique en supination et la main caudale en pronation.

Technique : les deux mains glissent en même temps depuis le dessus du genou en direction du haut de la cuisse. Puis les mains se séparent de chaque côté et la main interne revient en direction du genou en ballotant chaque centimètre de la cuisse. La main interne qui ballotte les muscles est en position de « cuillère »….

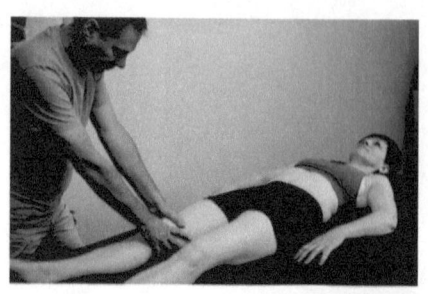
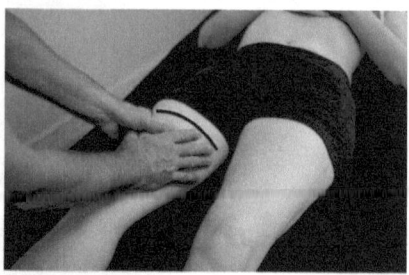
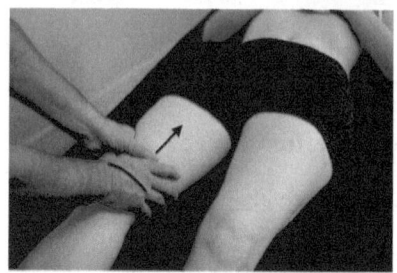
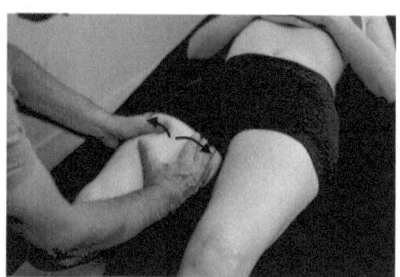

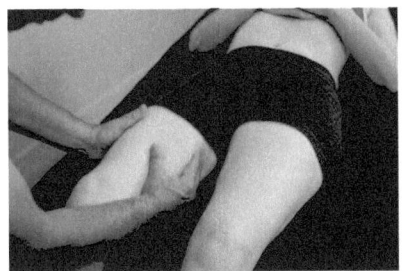

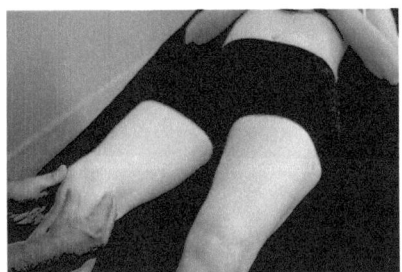

Pétrissage des adducteurs

Objectif : relâchement profond des adducteurs.

Position du massé : en décubitus dorsal, les jambes étendues.

Position du masseur : il est du même côté que la jambe massée. Les pieds du masseur sont parallèles pour aider la manœuvre avec le poids du corps. Les deux mains sont en position de cuillère pour bien attraper le maximum de masse musculaire.

Technique : les muscles sont alors mis en torsion avec un léger glissé des mains de droite à gauche et vice versa. Il est plus facile de commencer à pétrir depuis le haut de la cuisse et de descendre en direction du genou.

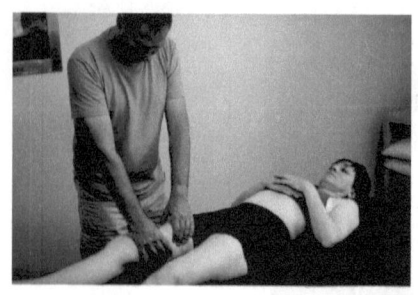
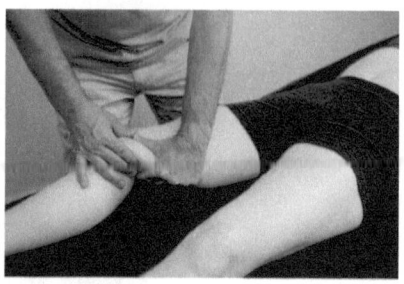
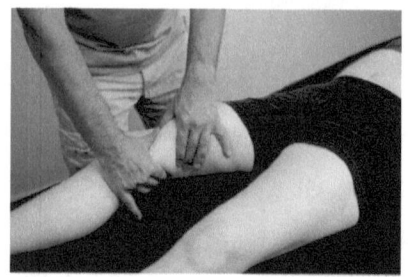
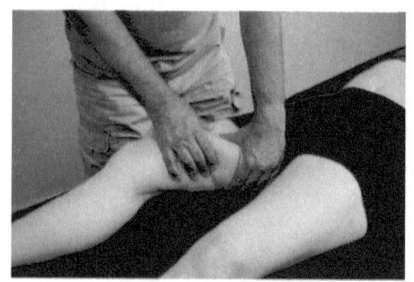

Face antérieur de la cuisse (massage en trépied)

Objectif : rechercher les tensions musculaires et les relâcher avec le bout des doigts.

Position du massé : en décubitus dorsal, les jambes étendues.

Position du masseur : sur le côté du massé. Le masseur positionne ses mains l'une sur l'autre, en forme de trépied ; le petit doigt et le pouce sont perpendiculaires à la cuisse et les autres doigts « tombent » à 45° sur la cuisse.

Technique : la manœuvre consiste à faire des allers-retours sur des lignes imaginaires entre le haut de la cuisse et le genou et vice-versa. A chaque passage des mains, l'objectif du masseur est de sentir s'il existe des tensions musculaires sous forme de « nœuds ». S'il en existe, le masseur repasse sur le nœud même en allers-retours rapides.

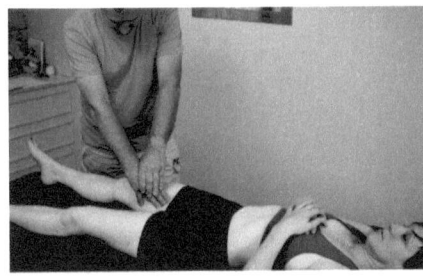

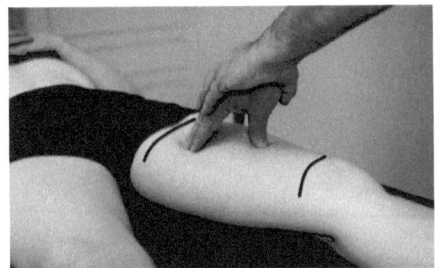

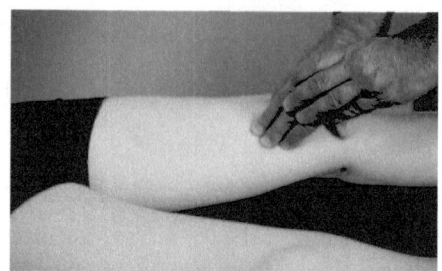
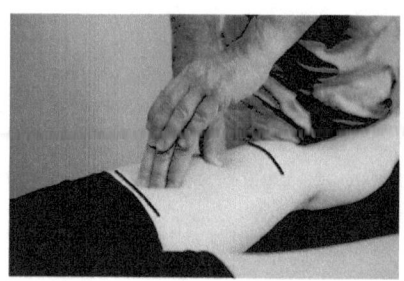
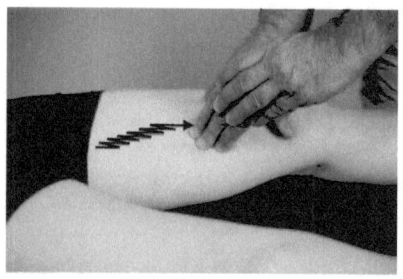

Muscle Facia Lata, extérieur de la cuisse (massage en trépied)

Objectif : massage du muscle Facia Lata, dans le sens des fibres musculaires.

Position du massé : en décubitus dorsal, les jambes sont étendues.

Position du masseur : il est du même côté que la manœuvre, les jambes positionnées en fente avant - fente arrière pour pouvoir bien travailler avec le poids du corps. La main externe est en position de trépied tandis que la main et le bras internes sont à la verticale s'appuyant sur la table. Ainsi, ils soulagent le dos du masseur grâce au poids du corps maintenu sur la table.

Technique : la main externe masse en aller-retour sur le muscle Facia Lata.

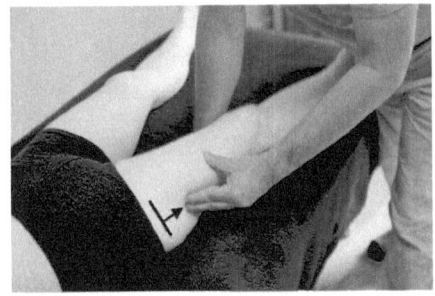

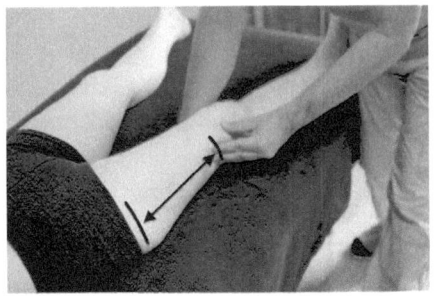

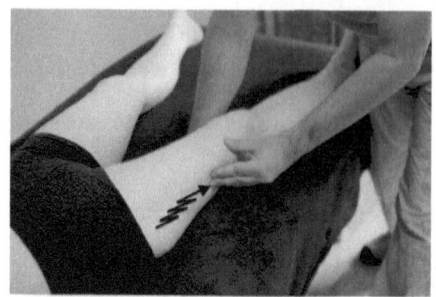

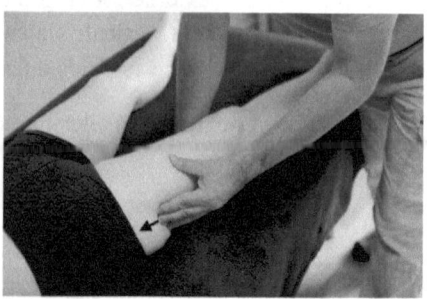

Muscle Facia Lata (massage perpendiculaire, en surjet)

Objectif : ce massage permet de sentir toutes les contractures musculaires du Facia Lata et de les relâcher plus précisément.

Position du massé : en décubitus dorsal, les jambes étendues.

Position du masseur : du même côté que la manœuvre. Ses jambes sont en position fente avant - fente arrière pour bien s'aider avec le poids du corps. Les mains sont en position de trépied, avec le pouce à l'opposé des autres doigts.

Technique : la manœuvre débute en haut de la cuisse, devant le trochanter, pour se terminer sur le Tubercule de Gerdi (insertion du Facia Lata sur la partie externe du plateau tibial). Le masseur impulse ses doigts dans un mouvement de « surjet » de bas en haut d'une ligne imaginaire sur le Facia Lata. Le surjet se fait sur ½ centimètre de largeur (comme une machine à coudre).

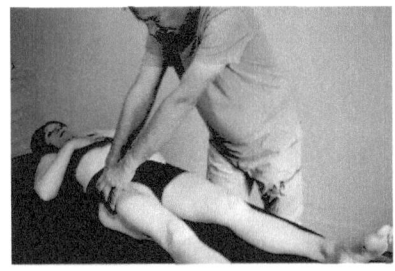 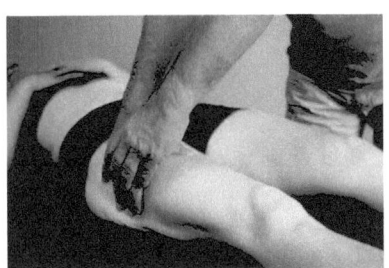
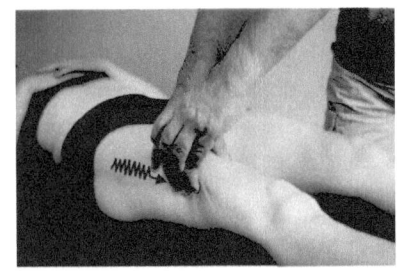 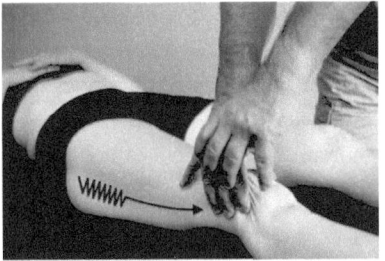
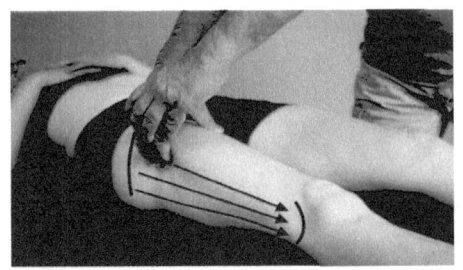

<u>Face interne de la cuisse et quadriceps</u> (manœuvre en surjet)

Objectif : ce massage permet de sentir et relâcher les tensions musculaires de façon perpendiculaire au muscle.

Position du massé : en décubitus dorsal, les jambes sont étendues.

Position du masseur : du même côté que la jambe massée. Les mains, l'une sur l'autre, sont en position de trépied. Les jambes sont en fente avant – fente arrière.

Technique : les mains débutent la manœuvre depuis le haut de la cuisse (entre le faisceau du quadriceps et le vaste interne) et se dirigent vers le genou. Des allers-retours sont effectués perpendiculairement à la cuisse à la manière d'un surjet de couture. Arrivées au dessus du genou, les mains reprennent place en haut de la cuisse pour recommencer un surjet en se décalant au plus proche des adducteurs.

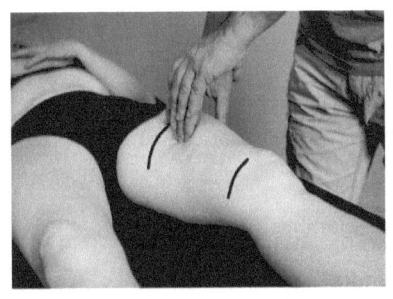
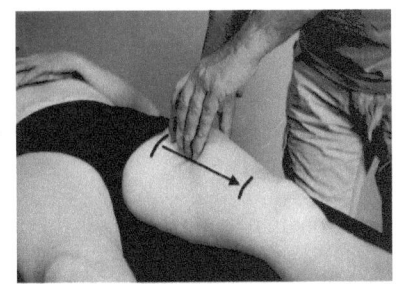
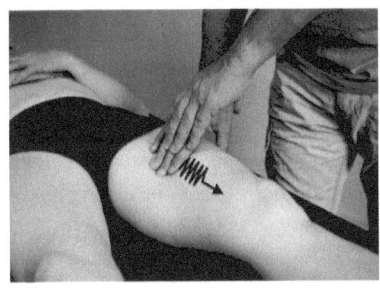
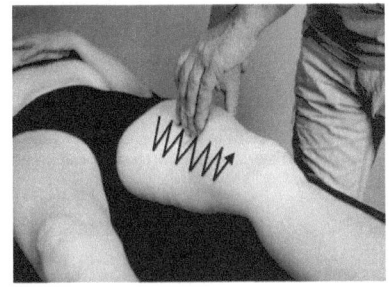
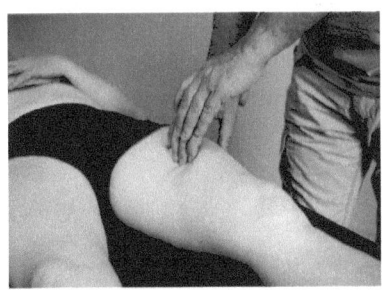
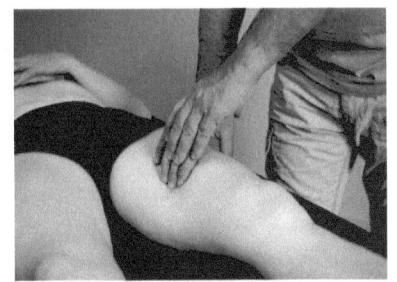
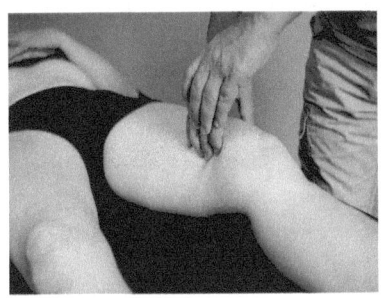
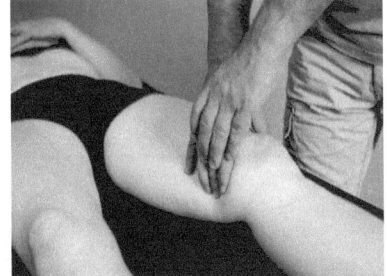

Massage du Tendon rotulien

Objectif : massage et détente du tendon rotulien pour prévenir en cas de maladie d'Osgood Schlatter (douleur du tendon rotulien au niveau de son insertion sur le tibia).

Position du massé : décubitus dorsal, les jambes étendues.

Position du masseur : à l'opposé du tendon à masser, les jambes en position de fente avant - fente arrière. Avec le poids du corps, la main céphalique se pose au dessus de la rotule pour permettre à celle-ci de descendre en direction du pied. Ainsi, le tendon rotulien se relâche. Le massage se fait avec l'index ou le majeur.

Technique : grâce au poids du corps avant-arrière, le doigt choisi (index ou majeur) « scie » le tendon rotulien perpendiculairement entre la rotule et la Tubérosité Tibiale Antérieure (TTA), où s'incère le tendon sur le tibia.

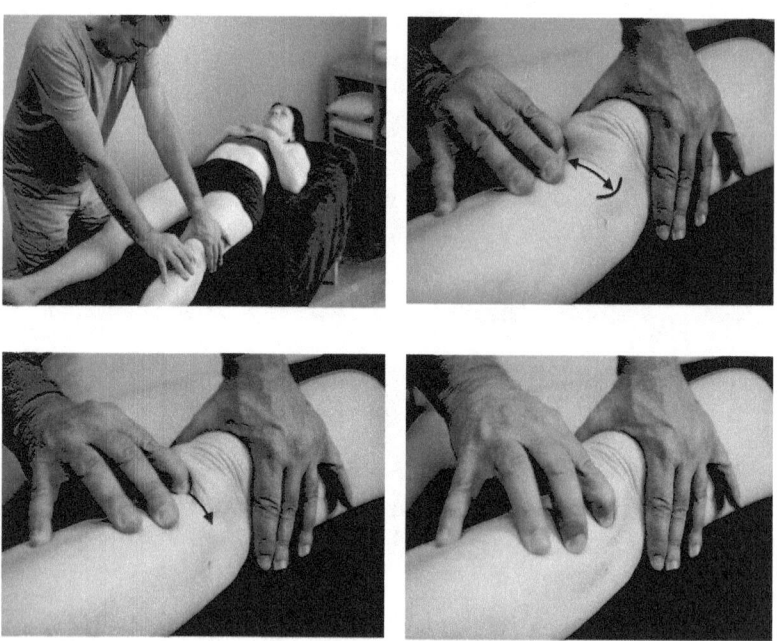

Friction du mollet

Objectif : sentir au bout des doigts toutes les tensions musculaires du mollet pour les relâcher spécifiquement.

Position du massé : en décubitus dorsal, une jambe pliée et le pied glissé sous la cuisse du masseur.

Position du masseur : assis sur le bord de la table, il glisse le pied du massé sous sa cuisse. La main caudale interne va faire la manœuvre tandis que la main céphalique externe va retenir le genou du massé pour que celui-ci puisse correctement se relâcher.

Technique : les doigts vont décrire un ponçage rapide et précis sur les zones contracturées du mollet. Pour plus d'efficacité, le ponçage se fera de haut en bas d'une manière convergente (la main est ramenée vers le masseur).

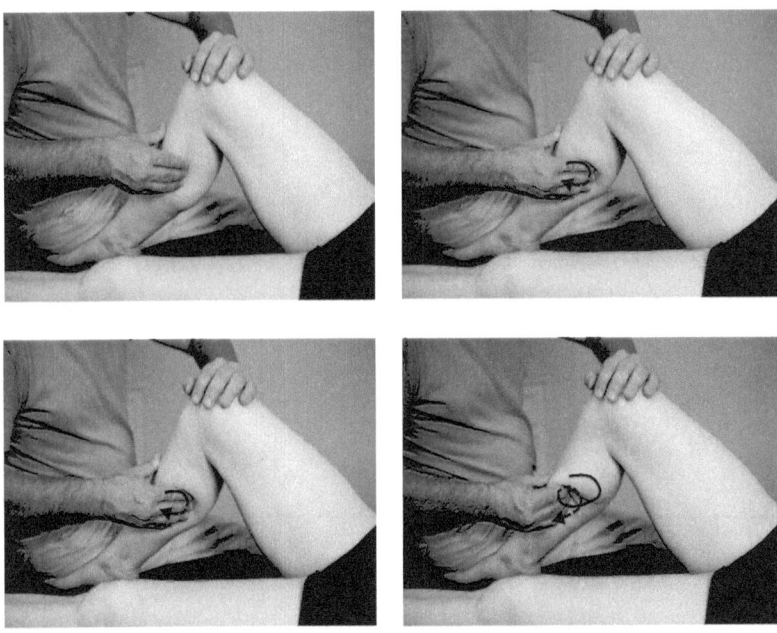

Tendon d'Achille (massage en trépied)

Objectif : sentir et relâcher d'une manière perpendiculaire les contractures sur le tendon d'Achille.

Position du massé : en décubitus dorsal. La jambe pliée est glissée sous la cuisse du masseur.

Position du masseur : assis au bord de la table, le pied du massé est glissé sous sa cuisse. C'est la main caudale interne qui fera la manœuvre en trépied. L'autre main sert à retenir le genou et la jambe pour qu'ils se relâchent au mieux.

Technique : en partant du milieu du tendon, le masseur impacte sa main en position de trépied et « scie » perpendiculairement la zone tendue. Il peut descendre depuis le haut du tendon en direction du talon grâce à un mouvement de surjet.

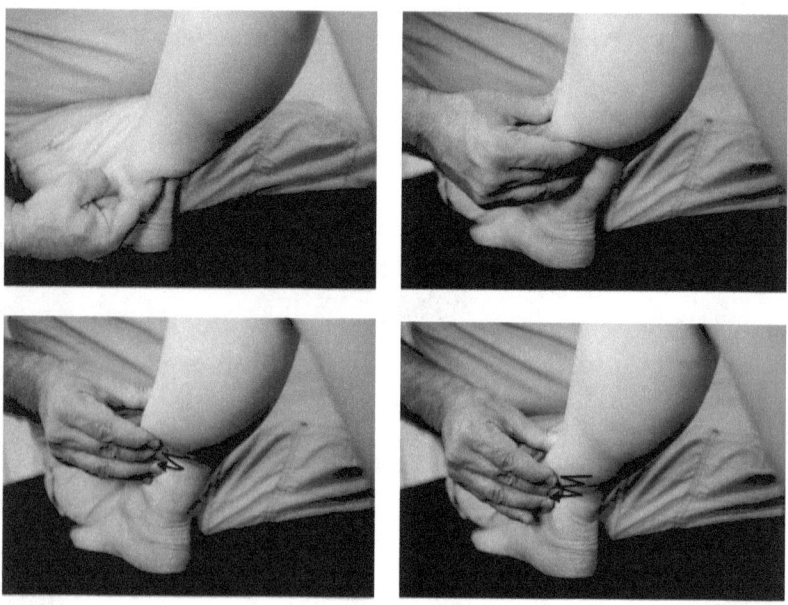

Le muscle Jambier Antérieur (massage avec le tranchant du pouce)

Objectif : sentir et décontracter le muscle du jambier antérieur, avec le tranchant du pouce, ce qui permet de ne pas aller trop en profondeur.

Position du massé : en décubitus dorsal, les jambes étendues.

Position du masseur : du même côté ou à l'extrémité de la jambe massée. La jambe peut être mise en rotation interne pour avoir un meilleur accès du pouce sur le jambier antérieur. Le masseur est en position fente avant-fente arrière pour engager son poids du corps dans la manœuvre.

Technique : toute la surface du pouce est en contact avec le muscle jambier. Il va impulser une pression glissée sur le muscle, depuis la cheville jusqu'au genou. La pression est plus légère lors de la manœuvre de retour.

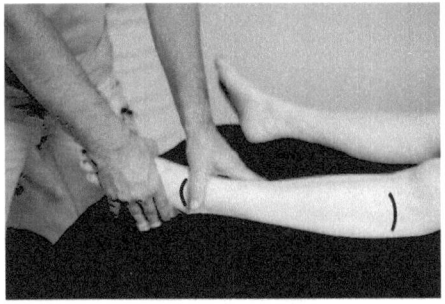

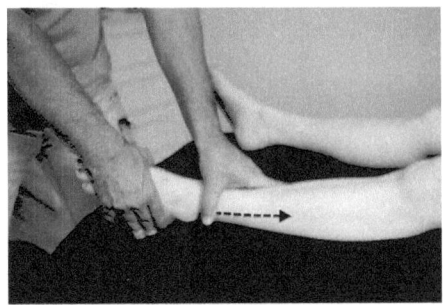

Le muscle Jambier Antérieur (massage avec la pulpe du pouce)

Objectif : sentir et décontracter les tensions avec la pulpe du pouce. Cette variante de la manœuvre avec le tranchant du pouce permet d'aller plus en profondeur sur le muscle.

Position du massé : en décubitus dorsale, les jambes étendues.

Position du masseur : du même côté ou à l'extrémité de la jambe massée. La jambe peut être mise en rotation interne pour avoir un meilleur accès du pouce au jambier antérieur. Le masseur est en position fente avant - fente arrière pour engager son poids du corps dans la manœuvre.

Technique : le pouce est perpendiculaire au muscle. Il va impulser des allers-retours sur le jambier, et ce, tout en montant jusqu'au genou. Pour ne pas avoir la sensation d'un grand « rail », la manœuvre peut se faire sous forme de petits allers-retours. Le bout de la pulpe du pouce sent ainsi toutes les tensions musculaires et peut insister dessus quand le muscle est tendu.

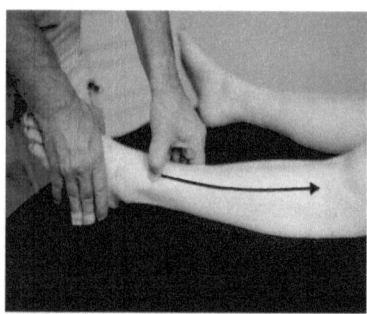 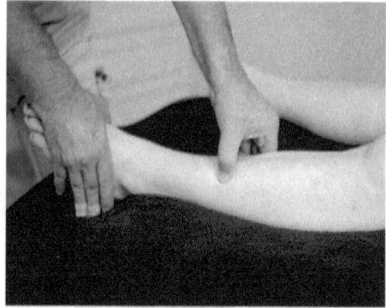

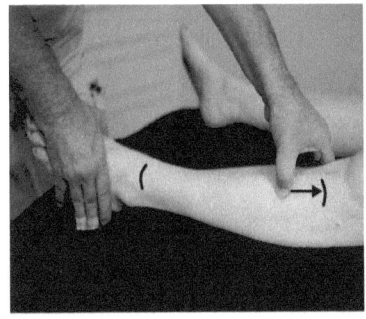 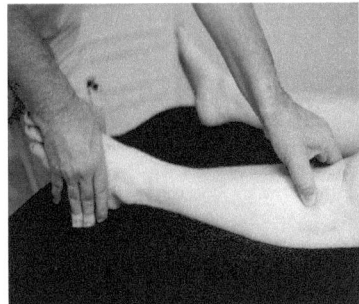

Etirement du Tendon d'Achille (manœuvre sans huile)

Objectif : étirement du tendon d'Achille pour la récupération après l'effort ou lors de la survenue de crampes (avant de masser la zone contractée).

Position du massé : en décubitus dorsal, les jambes allongées.

Position du masseur : parallèle à la table, en position de transfert du poids du corps gauche-droite. La main caudale du masseur empaume le talon puis colle la voute plantaire du massé sur son avant-bras. La main céphalique est posée au dessus du genou du massé pour bien maintenir la jambe sur la table.

Technique : au début de la manœuvre, le poids du corps de masseur est au niveau du pied du massé. Puis, il transfert son poids du corps en direction de la tête du massé, ce qui a pour effet de créer un bras de levier qui va ainsi étirer le tendon et le mollet. La main céphalique maintient toujours fermement la jambe sur la table pendant la manœuvre pour que la hanche ne s'impacte pas dans le massé.

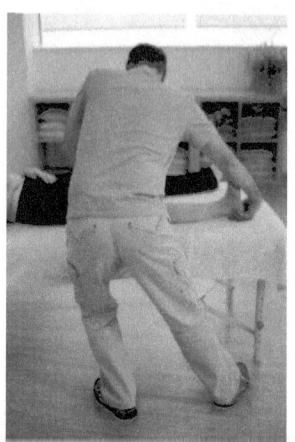
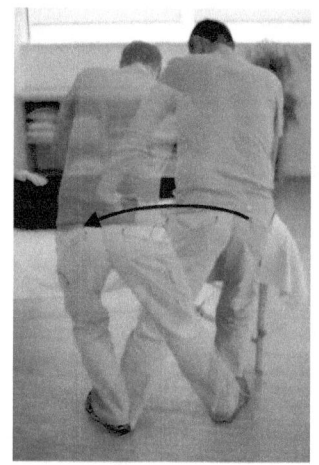

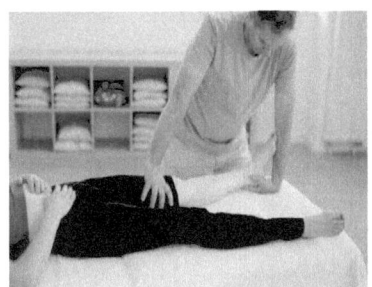
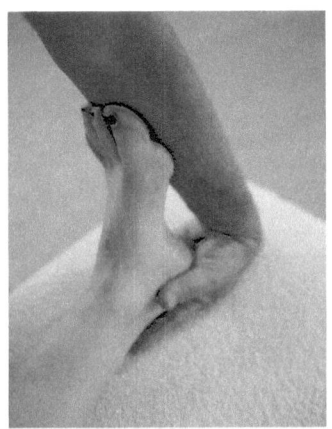

Stretch du muscle Psoas

Objectif : étirement du muscle Psoas lorsque celui-ci est en spasme.

Position du massé : en décubitus dorsal. Le bord du sacrum est au bord de la table. Une jambe est relâchée en dehors de la table, tandis que l'autre jambe (où le psoas doit être étiré) est pliée. Les mains du massé peuvent retenir le genou.

Position du masseur : aux pieds du massé. Sa main céphalique maintient le genou du massé plié dans l'axe, tandis que sa main caudale retient la jambe en dehors sur la table. Le masseur peut soutenir le pied du massé en collant la voute plantaire sur son flanc, ce qui facilitera l'étirement grâce au transfert du poids du corps vers l'avant.

Technique : en s'aidant de l'expiration du massé, le masseur transfert son poids du corps vers le sol de la jambe restée allongée, tandis que la jambe pliée est maintenue dans l'axe en direction de la tête du massé. Au fur et à mesure du relâchement de la jambe allongée, le masseur « gagne du terrain » afin d'étirer au mieux le muscle Psoas.

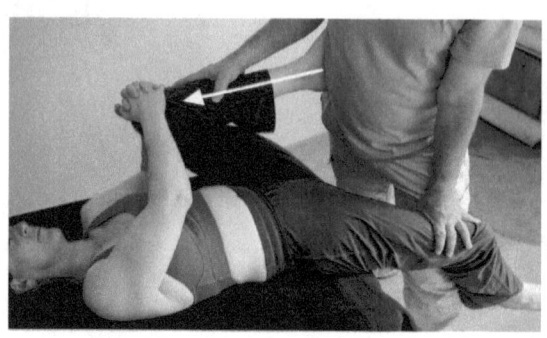

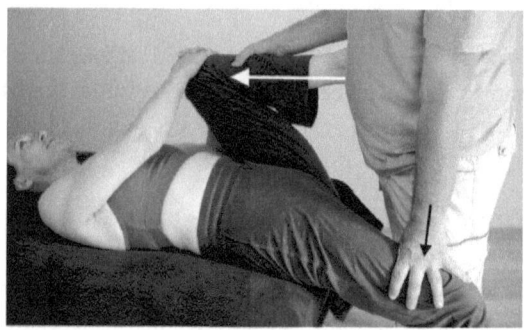

<u>Massage de la face antérieure du Pied</u> (entre les métatarsiens)

Objectif : sentir et relâcher les tensions par une pression-glissée entre les tendons du pied.

Position du massé : en décubitus dorsal, les jambes étendues.

Position du masseur : face aux pieds, au bout de la table de massage, les jambes en position fente avant - fente arrière pour transférer le poids du corps.

Technique : la pulpe d'un pouce se positionne entre les tendons des doigts de pied et glisse jusqu'aux os du pied (cunéiformes et cuboïde). La manœuvre en aller-retour est assez rapide.

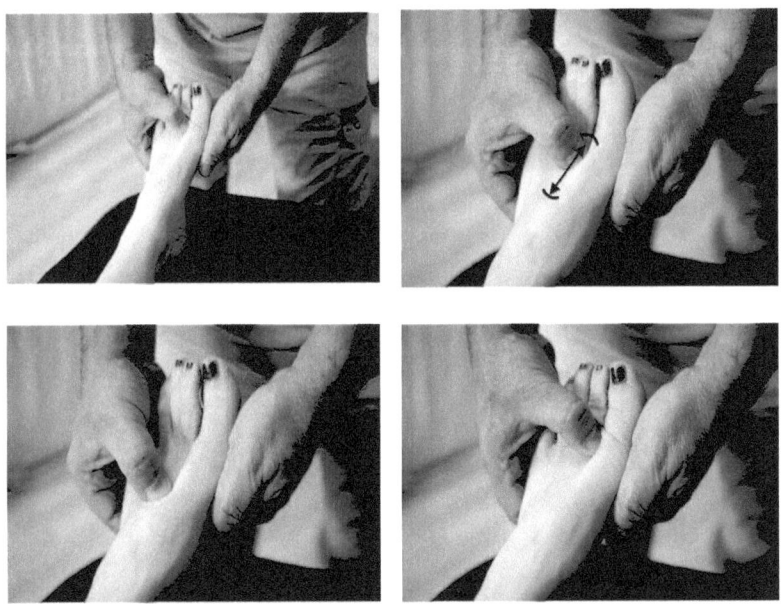

Massage de la Voute Plantaire

Objectif : pression-glissée sur la voute plantaire, avec le talon de la main.

Position du massé : en décubitus dorsal, les jambes étendues.

Position du masseur : au pied du massé, le talon de la main interne se positionne sous les coussinets du pied du massé. Le poids du corps se fait en position fente avant- fente arrière.

Technique : le masseur va glisser le talon de sa main du haut vers le bas de la voute plantaire comme pour la « râper ». La manœuvre se recommence plusieurs fois.

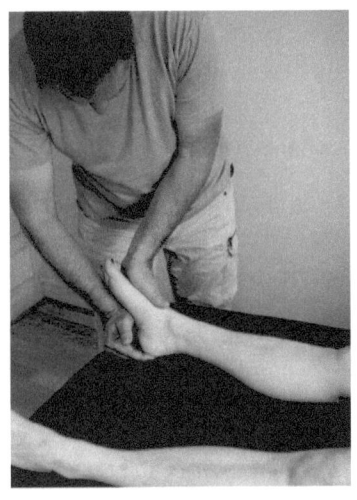
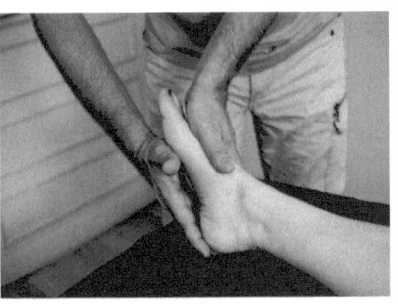
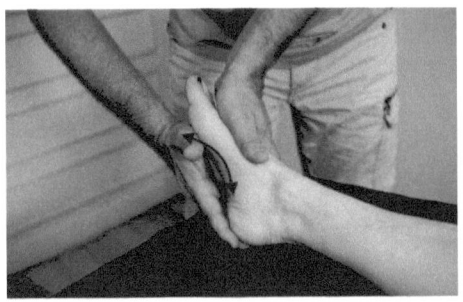
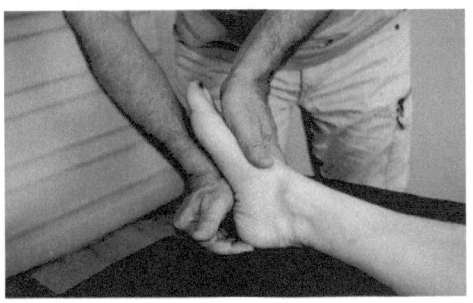

Pression glissée sous la Voute Plantaire

Objectif : relâchement de la plante des pieds.

Position du massé : en décubitus dorsal, les jambes étendues.

Position du masseur : aux pieds du massé, ses jambes sont en position fente avant -fente arrière pour masser avec le poids du corps. Ses mains enserrent l'ensemble du pied, les doigts sont accolés à la voute plantaire, la manœuvre commençant au niveau du talon.

Technique : par un transfert du poids du corps, les mains glissent profondément sur la voute plantaire, depuis le talon en direction des doigts de pied du massé. La manœuvre de retour se fait à peine plus légère pour revenir au niveau du talon. Recommencer la manœuvre autant de fois que nécessaire pour relâcher la voute plantaire.

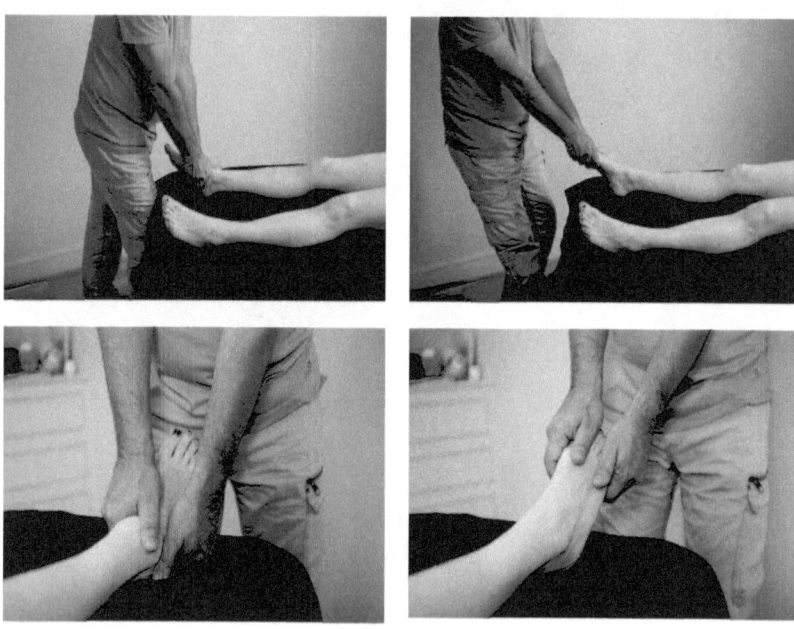

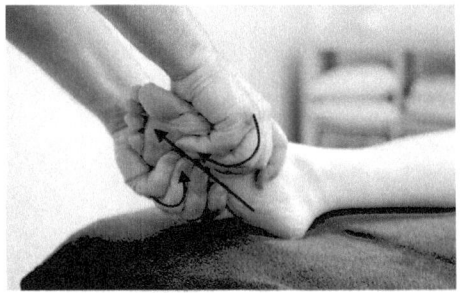

Massage des adducteurs de la cuisse (jambe pliée)

Objectif : détente du muscle droit interne et des adducteurs.

Position du massé : en décubitus dorsal, la jambe est pliée et le pied sous la cuisse du masseur.

Position du masseur : il est assis sur la table et le pied du massé est glissé sous une fesse. Le pouce interne est perpendiculaire au muscle à masser et l'autre main est « à l'équerre » pour maintenir le genou et la cuisse dans la position verticale. Ainsi, le massé peut correctement se relâcher et le pouce a un bon contre-appui pour la manœuvre.

Technique : le pouce glisse depuis le côté du genou jusqu'en bas de la cuisse. Pour mieux sentir les tensions et pour que la manœuvre reste confortable pour le massé, le pouce peut impulser de petits allers-retours au fur et à mesure de sa descente.

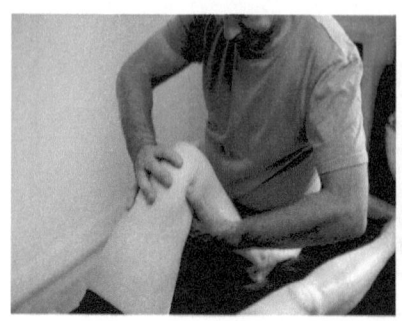
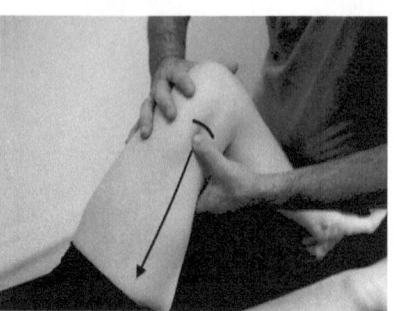
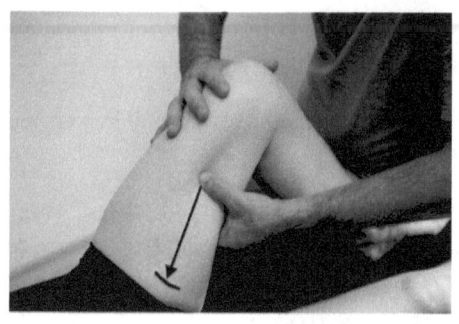
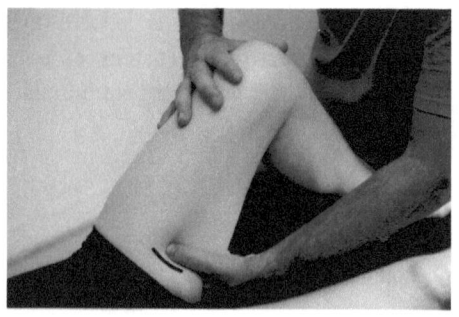

Massage des muscles ischios-jambier, face postérieure de la cuisse

Objectif : c'est une des premières manœuvres pour détendre la cuisse dans son ensemble.

Position du massé : en décubitus ventral, les jambes étendues.

Position du masseur : du même côté que la jambe massée. Les bras sont tendus et les jambes sont en position fente avant - fente arrière pour bien impacter le poids du corps pour la manœuvre.

Technique : en partant du dessus du genou, le masseur se laisse déséquilibrer vers le haut de la cuisse. Arrivé sous le pli fessier, une main se libère vers l'extérieur et l'autre vers l'intérieur de la cuisse. Puis, pour la manœuvre de retour, la main interne impulse des mouvements de ballotage en direction du genou.

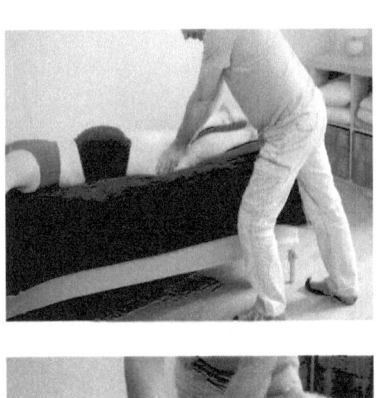
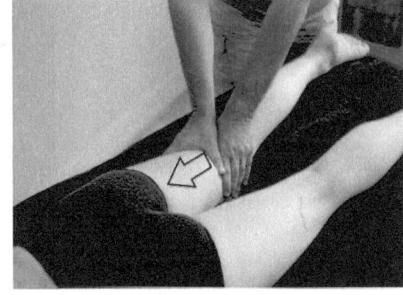
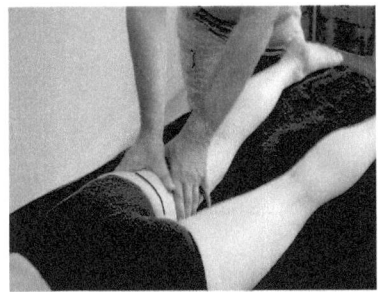
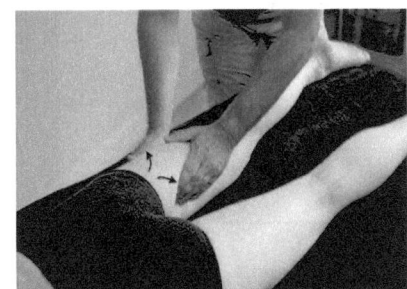

Pétrissage de la face interne de la cuisse

Objectif : pétrir les masses musculaires pour irriguer en profondeur la face interne des cuisses (adducteurs, ischios-jambier).

Position du massé : en décubitus ventral, les jambes étendues.

Position du masseur : du même côté que la manœuvre. Les jambes du masseur sont parallèles pour s'aider du poids du corps.

Technique : le masseur part de l'intérieur du haut de la cuisse pour se diriger vers l'intérieur du genou. Les mains créées alternativement une torsion des muscles choisis tout en glissant quelque peu de droite à gauche et vice versa.

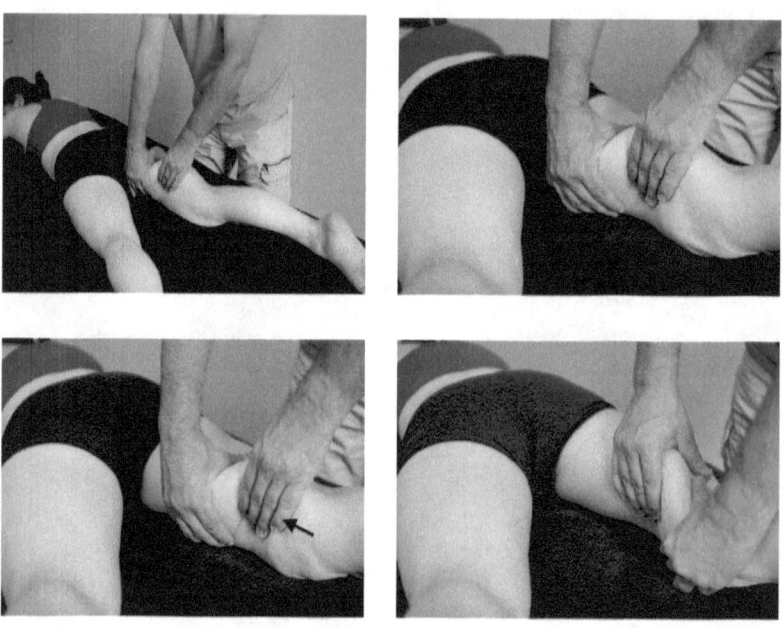

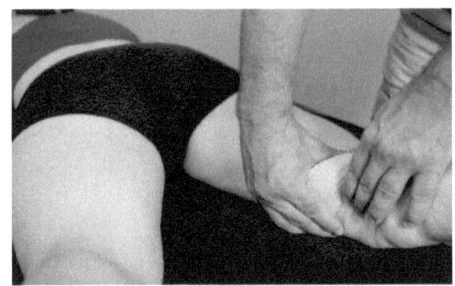

Massage des ischios-jambiers (manœuvre en trépied)

Objectif : pouvoir sentir et relâcher les contractures dans le sens des fibres musculaires.

Position du massé : en décubitus ventral, les jambes sont étendues.

Position du masseur : du même côté que la jambe massée. Les bras sont tendus pour impacter le poids du corps et les mains sont en position de trépied.

Technique : sur des lignes imaginaires allant du haut de la cuisse vers l'arrière du genou (et vice versa), le masseur impulse des allers-retours assez rapides sur plusieurs centimètres de longueur afin de sentir les contractures. Lorsqu'il sent des « nœuds », il les relâche en insistant sur la contracture-même en gardant ses mains en position de trépied.

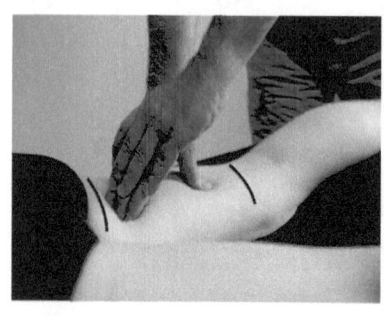
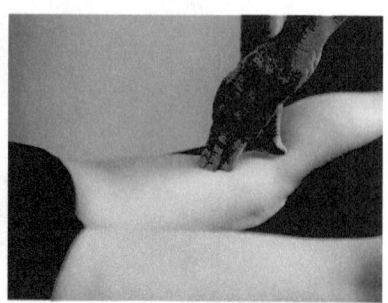
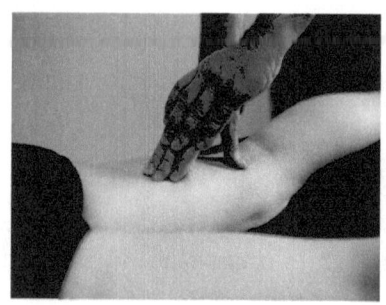
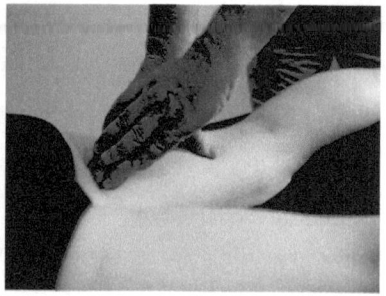
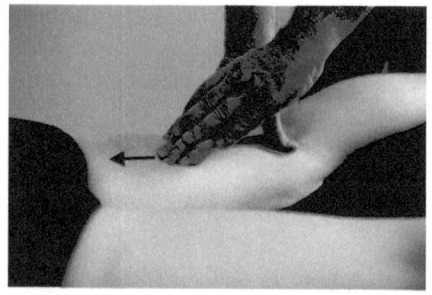

Massage du musle Facia Lata (Face externe de la cuisse. Manœuvre en trépied)

Objectif : massage du muscle Facia Lata, dans le sens des fibres musculaires.

Position du massé : en décubitus ventral, les jambes étendues.

Position du masseur : du même côté que la manœuvre, en position de fente avant-arrière pour utiliser le poids du corps. La main externe est en position de trépied tandis que la main et le bras internes sont à la verticale s'appuyant sur la table. Ainsi, ils soulagent le dos du masseur grâce au poids du corps maintenu sur la table.

Technique : la main externe masse en aller-retour sur le muscle Facia Lata.

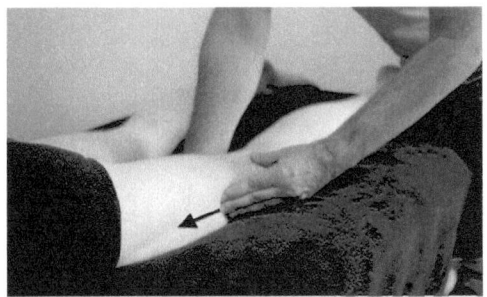

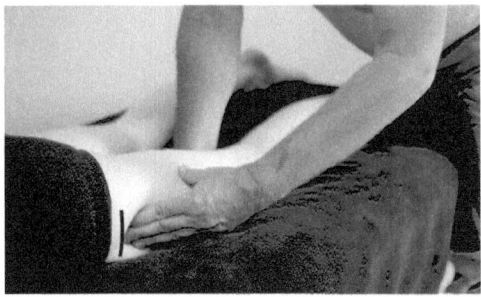

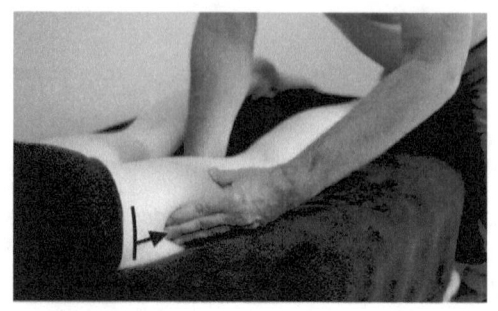

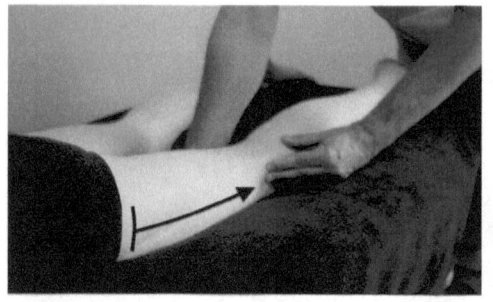

Massage du muscle Facia Lata (manœuvre en surjet)

Objectif : pour encore mieux sentir les contractures musculaires et les relâcher au maximum, il est possible de masser perpendiculairement au muscle, ce que nous faisons avec cette manœuvre.

Position du massé : en décubitus ventral, les jambes étendues.

Position du masseur : à l'opposé du côté où l'on doit masser. Les mains sont en position de trépied. Les doigts impactent le muscle Facia Lata en dessous du trochanter (l'os extérieur de la hanche), le pouce reste à l'opposé pour bien arrondir la main.

Technique : après avoir posé le poids du corps sur ses doigts, le masseur descend en ligne en direction du genou, en surjet de quelques millimètres de largeur. Une fois arrivé au niveau du genou, la main peut « lisser » la ligne effectuée et se décaler en dessous de la première ligne pour masser une autre ligne imaginaire.

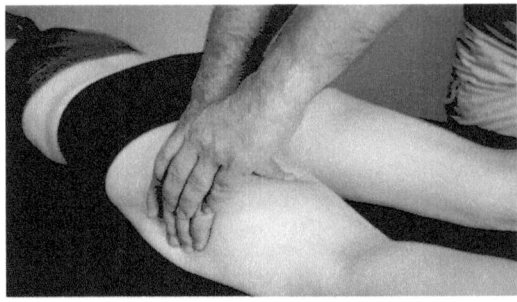

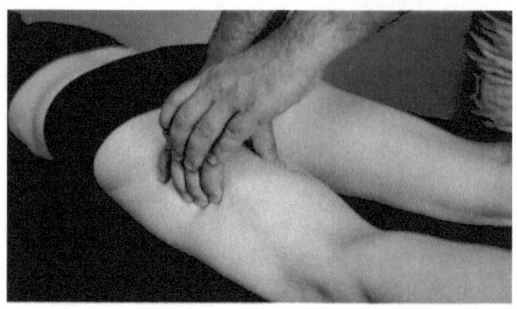

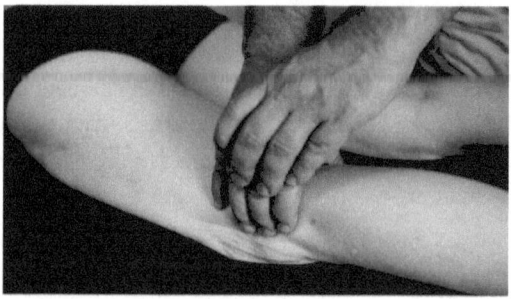

Pétrissage du Mollet

Objectif : mobilisation-glissé en profondeur des muscles du mollet.

Position du massé : en décubitus ventral, les jambes étendues.

Position du masseur : du même côté que la manœuvre, les pieds parallèles pour optimiser le poids du corps.

Technique : le masseur part du haut du mollet pour se diriger vers la cheville. Les mains créées alternativement une torsion des muscles tout en glissant dans une manœuvre convergente.

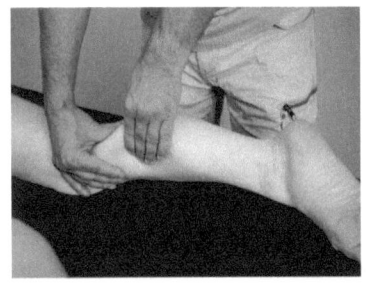
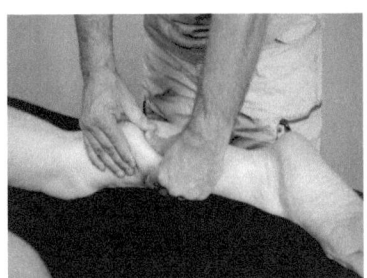
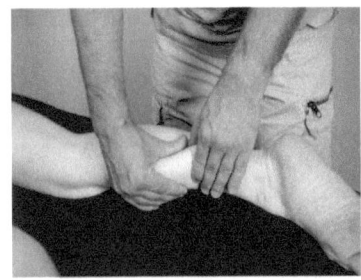
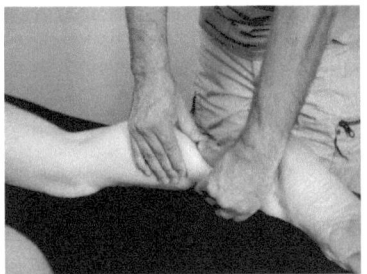
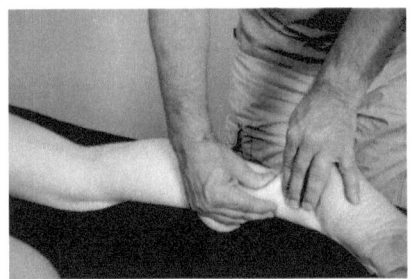

Massage du mollet en pression glissée, retour en ballotage

Objectif : permet une activation du retour veineux et un relâchement du mollet lors de la manœuvre de retour.

Position du massé : en décubitus ventral, la jambe massée est posée sur la cuisse du masseur.

Position du masseur : du même côté que la manœuvre. Le masseur peut plier sa jambe interne et poser son genou sur la table. Ainsi, le mollet est à bonne hauteur pour le masser.

Technique : à l'aller, les deux mains enserrent le mollet de part et d'autre puis exercent une pression tout en glissant en direction du genou. Au retour, la main interne se met « en cuillère » et revient vers la cheville tout en ballotant le mollet.

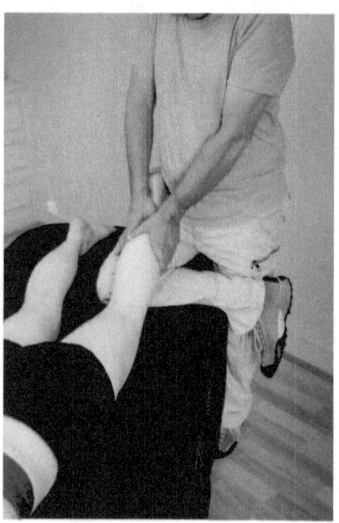
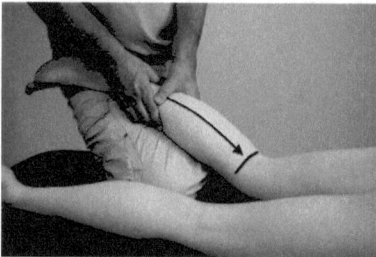
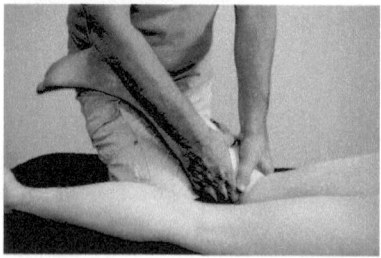

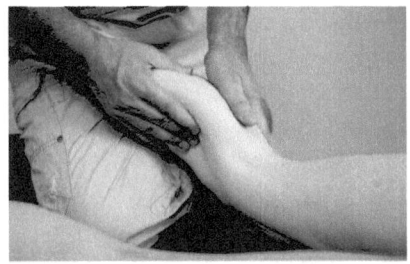

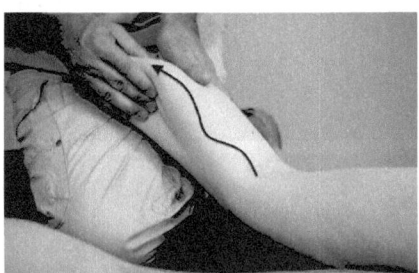

Massage du mollet (manœuvre en trépied)

Objectif : sentir et relâcher toutes les tensions et contractures musculaires du mollet.

Position du massé : en décubitus ventral. La cheville est relâchée sur la cuisse du masseur.

Position du masseur : même position du masseur que pour la manœuvre précédente. Les mains se mettent en position de trépied (le pouce et le petit doigt perpendiculaires au mollet, et les autres doigts tombent à 45° sur la zone à masser).

Technique : en partant de la cheville, le masseur exerce une longue pression glissée avant-arrière. Le rythme est assez rapide pour pouvoir sentir les tensions musculaires sous les doigts. En cas de contractures, le masseur insiste spécifiquement en se focalisant sur ces zones, avec des manœuvres en pressions glissées.

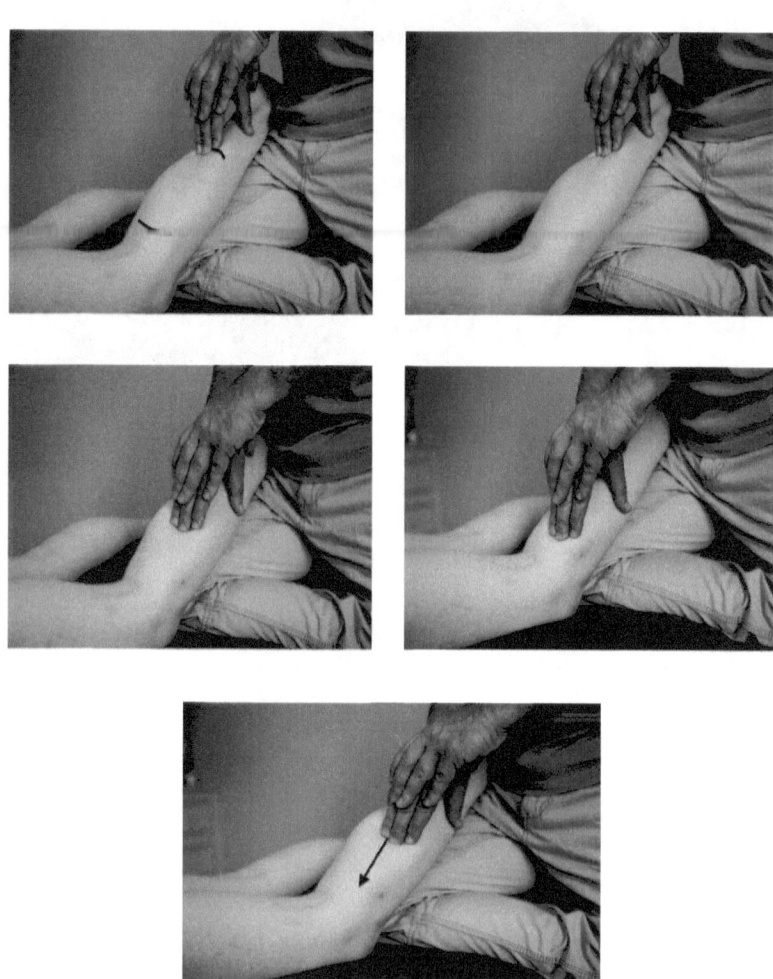

Massage entre le mollet et le tendon d'Achille (manœuvre en surjet)

Objectif : sentir et décontracter les tensions musculaires entre la base des muscles jumeaux et du tendon d'Achille.

Position du massé : en décubitus ventral. Le tibia est posé sur la cuisse du masseur.

Position du masseur : le masseur peut plier sa jambe caudale et la poser à plat sur la table afin d'y accueillir le tibia du massé. Ses mains sont en position de trépied et commenceront la manœuvre sur le côté interne du muscle jumeau à l'intersection du début du tendon d'Achille.

Technique : un mouvement de surjet part depuis le muscle jumeau interne en direction du muscle jumeau externe. La manœuvre, rapidement effectuée grâce à la position de trépied, s'exécute sur un centimètre de large. Les doigts peuvent sentir et suivre une petite rainure durant toute la manœuvre.

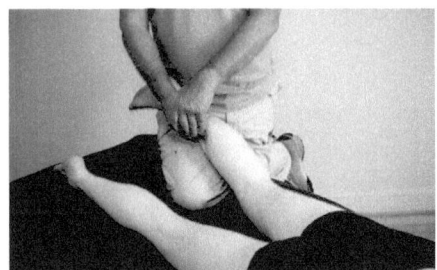

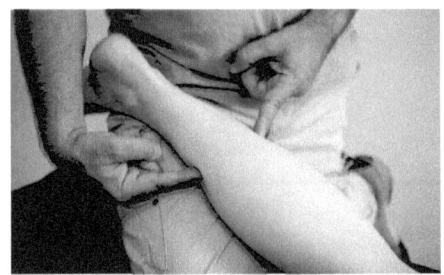

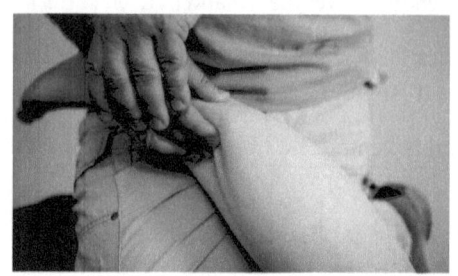

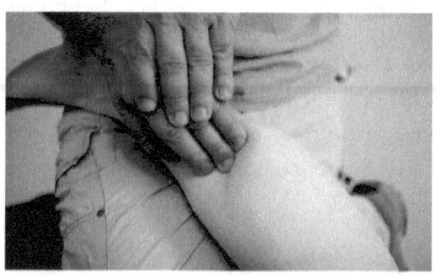

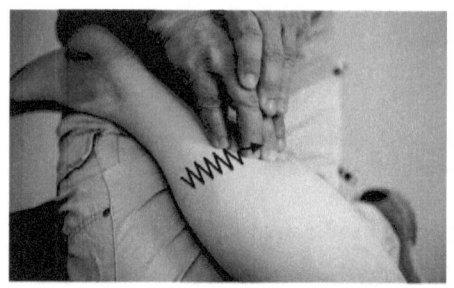

Massage du Tendon d'Achille

Objectif : sentir et relâcher les contractures sur le Tendon d'Achille.

Position du massé : en décubitus ventral.

Position du masseur : le « coup de pied » du massé peut être reposé sur la cuisse du masseur dont une jambe repose sur la table. Les mains sont positionnées en trépied.

Technique : les doigts glissent rapidement en aller-retour, de haut en bas du tendon d'Achille, dans le sens des fibres tendineuses.

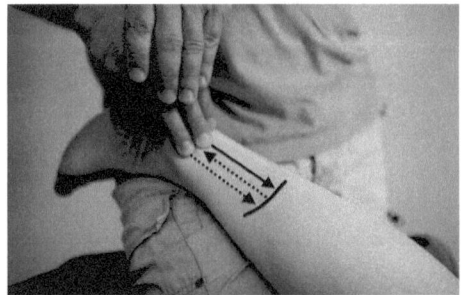

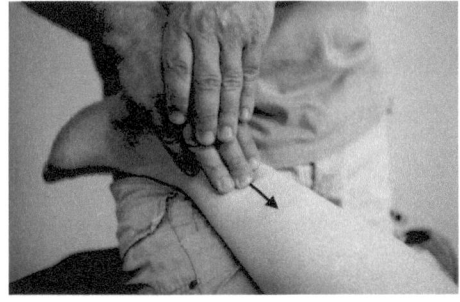

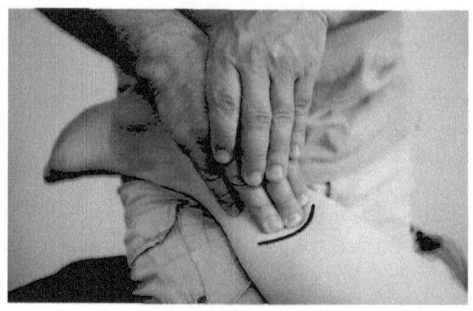

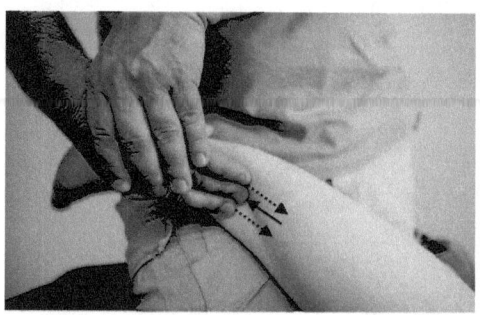

Mobilisation du Tendon d'Achille

Objectif : mobiliser le Tendon d'Achille.

Position du massé : en décubitus ventral.

Position du masseur : la cheville est posée sur la cuisse du masseur.

Technique : la main céphalique isole le tendon du reste de la jambe grâce à une pression exercée entre le pouce et l'index, proche de la base du mollet. La main caudale impulse un mouvement de rotation du talon, ce qui mobilise le tendon. La rotation se fait dans les deux sens.

 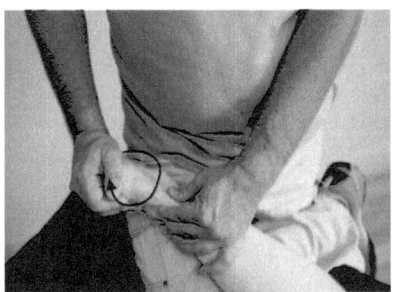
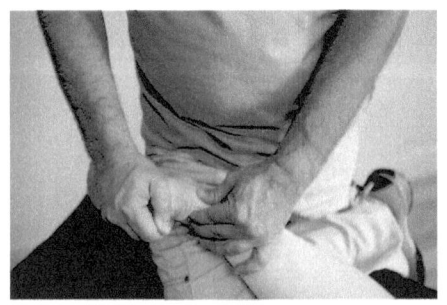
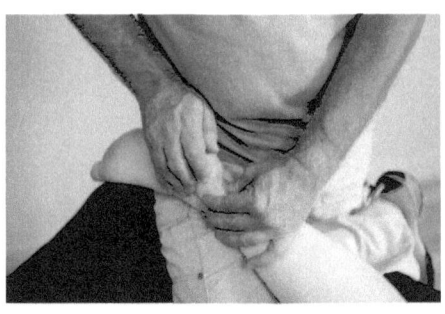

Ballotement du Mollet

Objectif : relâchement des muscles du mollet.

Position du massé : en décubitus ventral, une jambe étendue et l'autre est à l'équerre dans les mains du masseur.

Position du masseur : du même côté que la manœuvre. La main caudale vient saisir le pied sous la malléole.

Technique : le masseur impulse un rapide aller-retour perpendiculairement à la table. Les muscles translatent alors de gauche à droite ce qui permet un relâchement total.

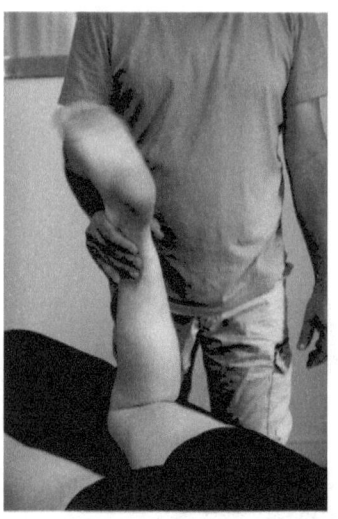
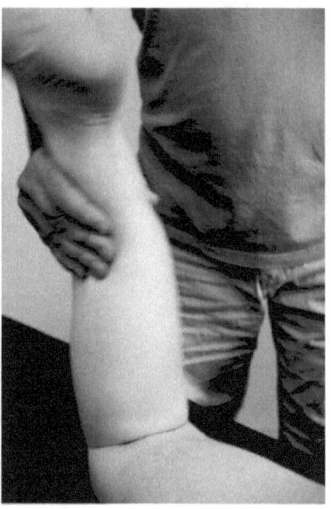

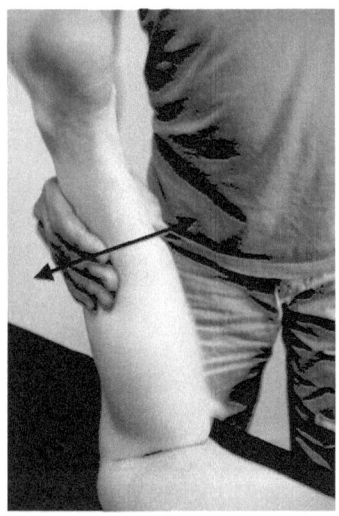 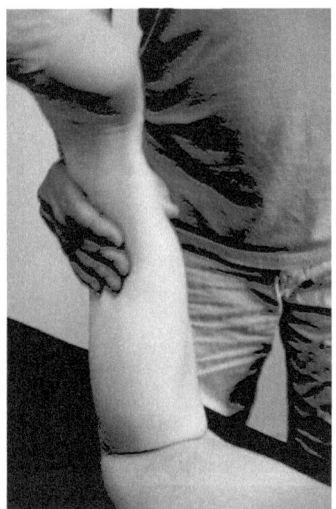

Massage de la Voute Plantaire (manœuvre d'écrasement)

Objectif : massage profond de la voute plantaire par écrasement des muscles.

Position du massé : en décubitus ventral. Une jambe est à l'équerre, l'autre allongée.

Position du masseur : il peut être assis sur la table ou rester debout, du même côté que le pied à masser. Il prend ce dernier entre les mains, la pulpe des doigts en contact avec la voute plantaire.

Technique : en partant du talon, le masseur presse le pied alternativement de gauche à droite et remonte jusqu'aux doigts de pieds. L'écrasement est profond et lent, telle une éponge pleine d'eau que l'on voudrait essorer. Pour ne pas se tétaniser les doigts, le masseur utilise son poids du corps de droite à gauche et vice-versa. Ce poids du corps est impulsé depuis le bassin.

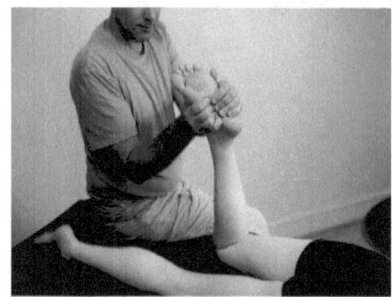
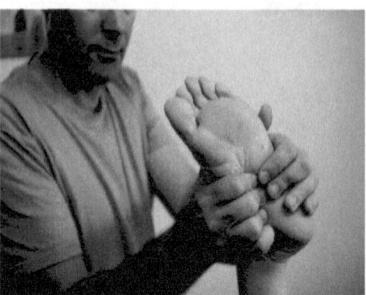
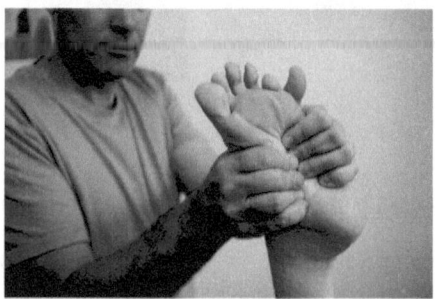

Massage de la Voute Plantaire (manœuvre en pression glissée)

Objectif : pression-glissée sur les aponévroses de la voute plantaire.

Position du massé : en décubitus ventral. Les jambes sont étendues sur la table.

Position du masseur : du même côté que la manœuvre, les mains enserrent le pied reposé sur la table et les bras sont tendus. Le masseur est un peu en retrait pour bien utiliser le poids du corps. Ce sont les pouces qui vont masser.

Technique : les pouces glissent sur la voute plantaire depuis le talon vers les doigts de pieds tout en impulsant de petits allers-retours pour le confort sensitif du massé.

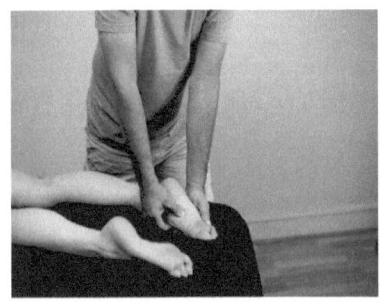
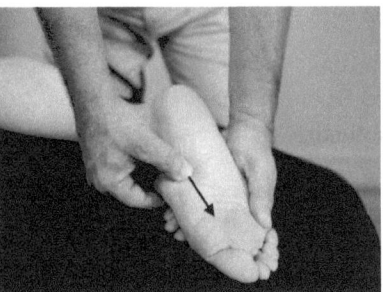

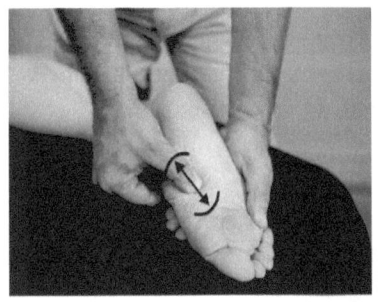
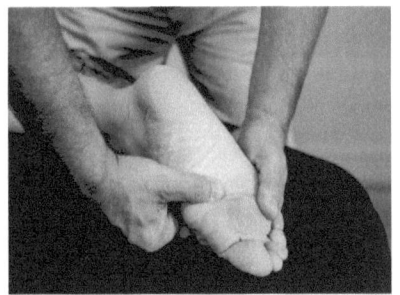

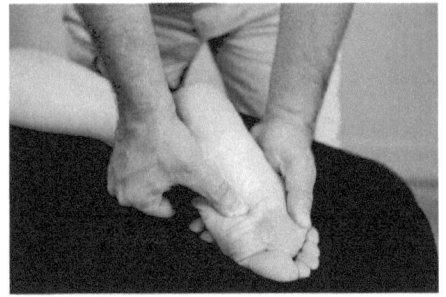

Massage de l'avant-bras (muscles palmaires)

Objectif : massage de récupération de l'avant-bras. C'est l'une des premières manœuvres que l'on peut effectuer car elle n'est pas trop profonde.

Position du massé : en décubitus dorsal.

Position du masseur : du même côté que la manœuvre. Les jambes du masseur sont en position fente avant - fente arrière pour bien s'aider du poids du corps. Le pouce est à plat et le massage débute à la lisière entre le tendon et le muscle de l'avant-bras. L'autre main soutient le poignet.

Technique : le pouce du bras céphalique du masseur glisse profondément jusqu'au coude et revient d'une manière plus légère, tout en gardant le contact. Recommencer la manœuvre autant de fois que souhaité.

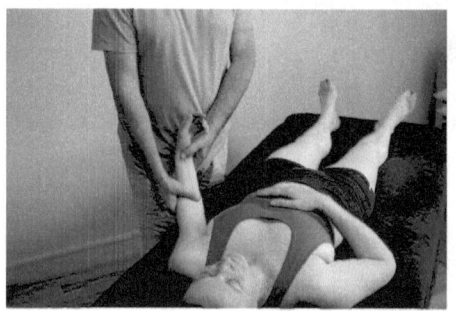

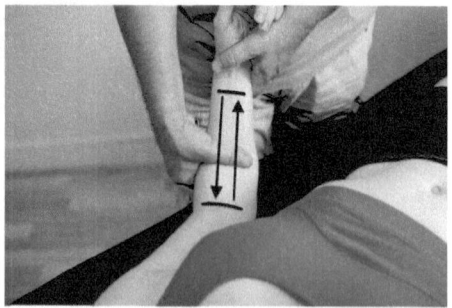

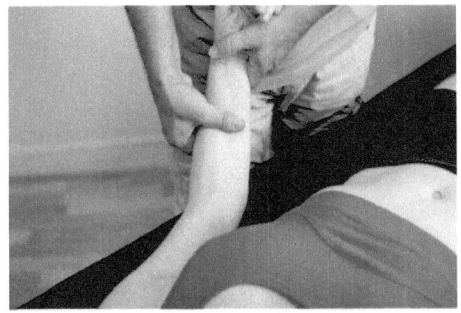

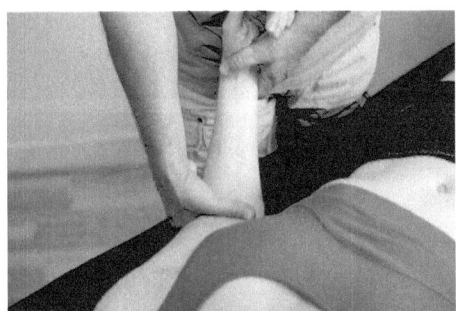

Massage de l'avant-bras (manœuvre en trépied)

Objectif : massage des muscles palmaires avec le bout des doigts afin de bien sentir et relâcher les tensions musculaires.

Position du massé : en décubitus dorsal. L'avant-bras du massé est posé sur la table.

Position du masseur : du même côté que la manœuvre. Le masseur met ses jambes en position de fente avant - fente arrière. Les mains sont l'une sur l'autre, en position de trépied.

Technique : les doigts glissent horizontalement en aller-retour sur toute la surface de l'avant-bras des muscles (pour une raison de confort du massé, on peut toutefois éviter de masser le tendon).

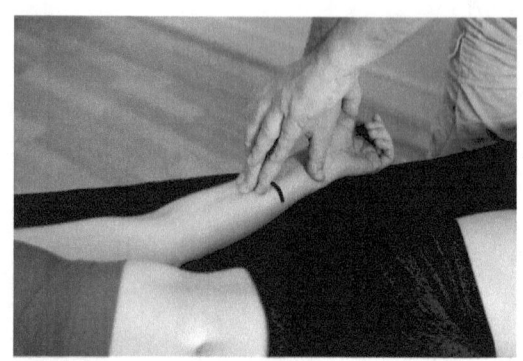

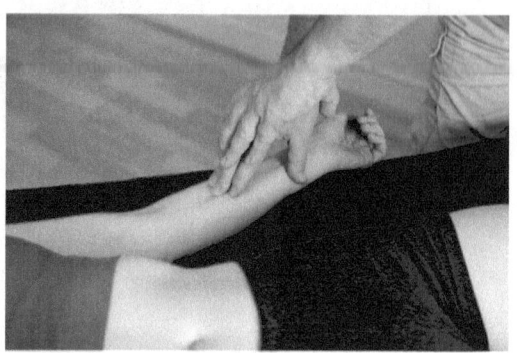

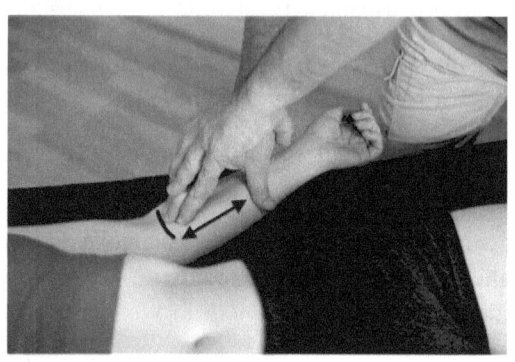

Massage face interne de l'avant-bras (manœuvre perpendiculaire, en surjet)

Objectif : cette manœuvre permet de masser perpendiculairement les muscles internes de l'avant-bras pour bien sentir et relâcher toutes les tensions musculaires.

Position du massé : en décubitus dorsal, l'avant-bras est posé sur la table.

Position du masseur : du même côté que le bras massé. Le masseur met ses jambes en position de fente avant - fente arrière pour bien appliquer le poids du corps. La main caudale maintient le poignet sur la table (position en « cavalier » pour ne pas écraser le poignet).

Technique : avec un doigt choisi (même si les autres doigts sont aussi posés), il part du coude en direction de la main en impulsant de rapide aller-retour en surjet (façon zigzag). La manœuvre de massage en elle-même se fait sur une surface de quelques millimètres, mais glisse et se prolonge jusqu'à la lisière du tendon et des muscles.

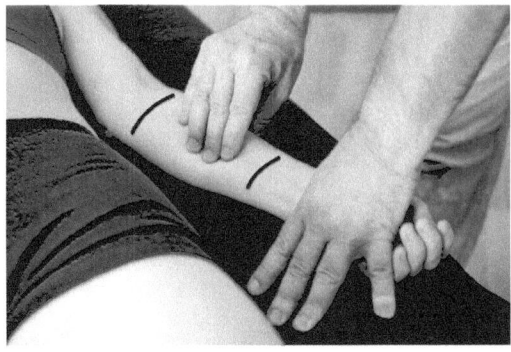

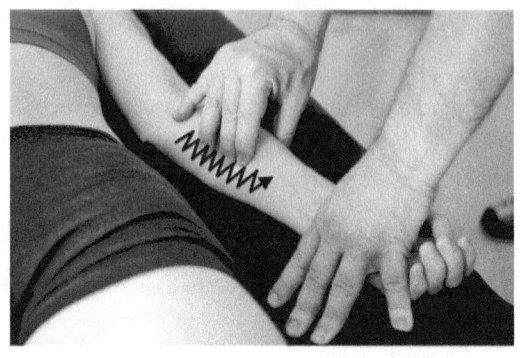

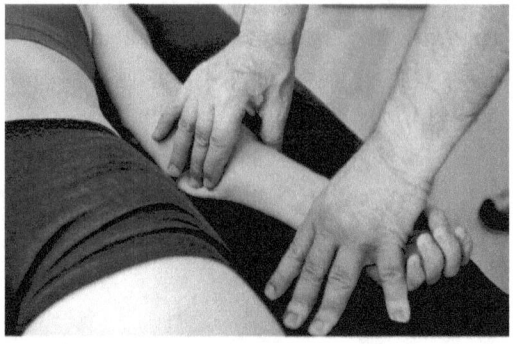

Massage face externe de l'avant-bras (manœuvre perpendiculaire, en surjet)

Objectif : cette manœuvre permet de masser perpendiculairement les muscles externes de l'avant-bras pour bien sentir et relâcher toutes les tensions musculaires.

Position du massé : en décubitus dorsal, l'avant-bras est posé sur la table.

Position du masseur : du côté opposé au bras massé. Le masseur met ses jambes en position de fente avant - fente arrière pour bien appliquer le poids du corps. La main caudale maintient le poignet sur la table (position en « cavalier » pour ne pas écraser le poignet).

Technique : avec un doigt choisi (même si les autres doigts sont aussi posés), il part du coude en direction de la main en impulsant de rapide aller/retour en surjet (façon zigzag). La manœuvre de massage en elle-même se fait sur une surface de quelques millimètres, mais glisse et se prolonge jusqu'à la lisière du tendon et des muscles.

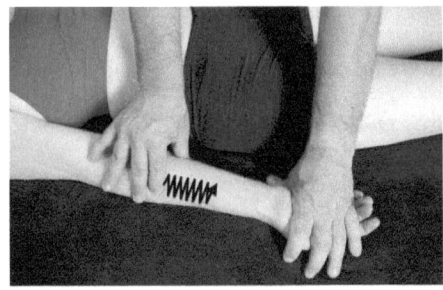

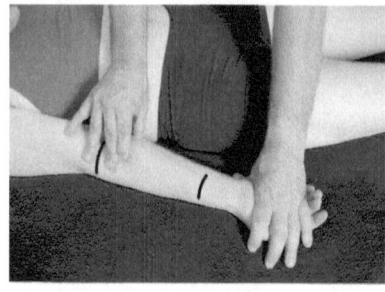 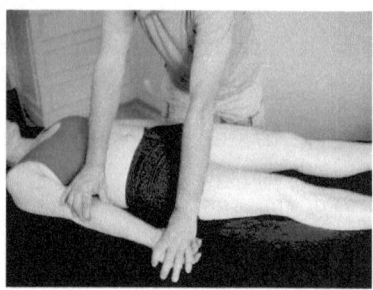

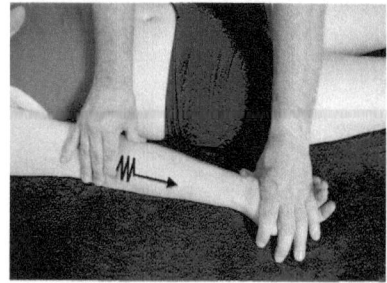 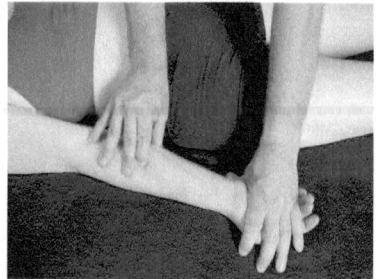

Massage du biceps

Objectif : manœuvre de pression-glissée le long du biceps.

Position du massé : en décubitus dorsal, le bras est soutenu par le masseur.

Position du masseur : du même côté que le bras massé. La main du massé est soutenue sous l'aisselle du masseur pour que le bras soit le plus détendu possible. Les jambes sont positionnées en fente avant- fente arrière pour le poids du corps.

Technique : le pouce du masseur est posé à plat et perpendiculaire au biceps. Grâce au poids du corps, le pouce s'impacte délicatement sur le muscle (pas trop de profondeur), puis glisse depuis le coude en direction de l'épaule. Le retour de la manœuvre en sens inverse se fait d'une manière plus légère pour créer une alternance de pression.

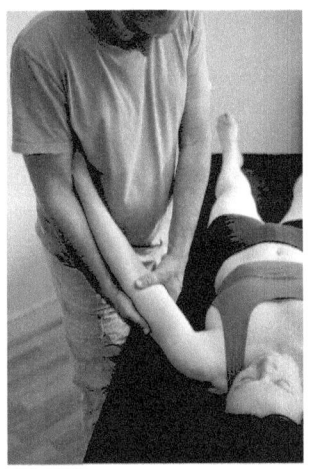
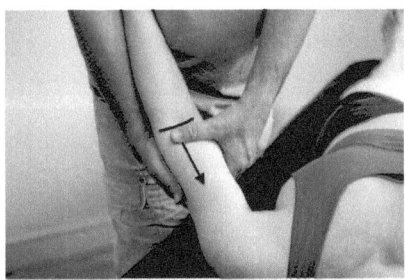
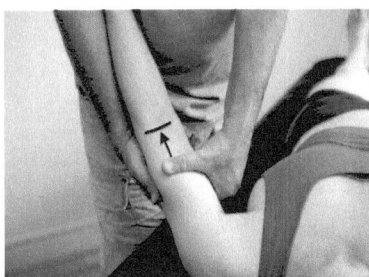
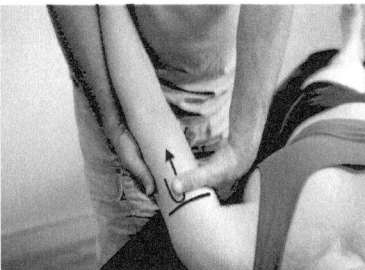

Pétrissage du biceps

Objectif : pétrissage par des mobilisations-glissées du biceps avec les deux pouces.

Position du massé : en décubitus dorsal, le bras est soutenu par le masseur.

Position du masseur : du même côté que le bras. Celui-ci est soutenu sous l'aisselle du masseur. Les jambes du masseur sont en position parallèle.

Technique : les deux pouces au niveau des éminences thénars (« gigot » du pouce) pressent légèrement le biceps de chaque côté depuis le coude. Puis impulsent un mouvement de droite à gauche tout en montant en direction de l'épaule. Le retour vers le coude se fait par un glissement symétrique des deux mains.

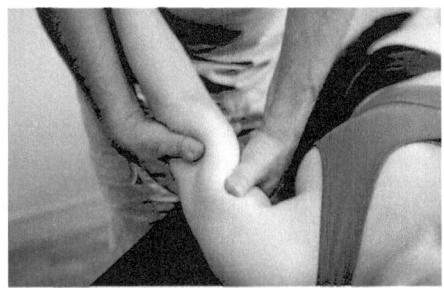

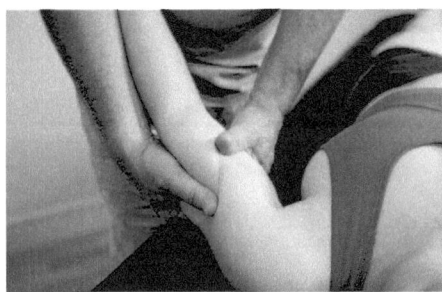

Massage des muscles Trapèze (fibres supérieures)

Objectif : sentir toutes les contractures musculaires du muscle Trapèze et le masser dans le sens des fibres musculaires.

Position du massé : en décubitus dorsal. Le bras est soutenu sous l'aisselle du masseur.

Position du masseur : du même côté que la manœuvre. La main céphalique est positionnée en trépied, tandis que la main caudale soutient le bras du massé. Le transfert du poids du corps se fera en fente avant - fente arrière.

Technique : les doigts exercent une pression glissée en aller-retour sur tout le trapèze, d'une manière longitudinale. Ils insistent sur les tensions musculaires lorsque celles-ci sont trouvées.

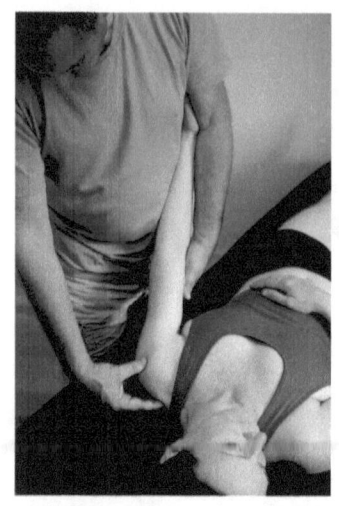
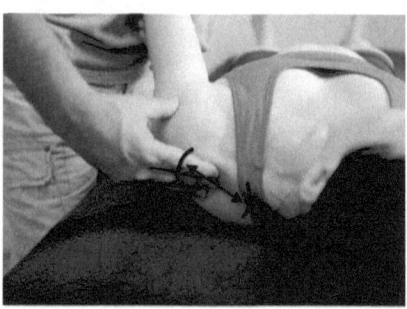
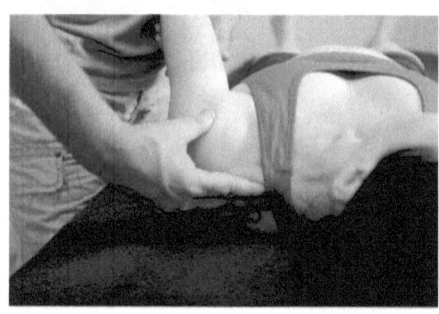
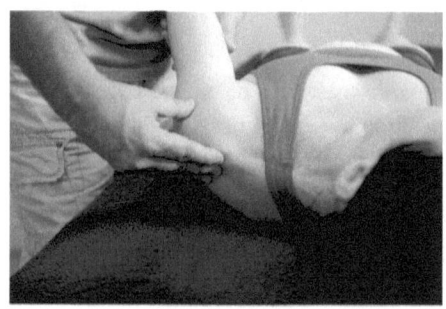

Etirement du dos (via l'étirement du bras)

Objectif : étirer tout le dos par l'intermédiaire de l'étirement vers l'arrière du bras du massé.

Position du massé : en décubitus dorsal.

Position du masseur : depuis le même côté que la manœuvre pour prendre le bras puis en direction de la tête du massé pour l'étirement du dos. Pour ne pas glisser, cette manœuvre se fait de préférence avec les mains non huilées.

Technique : le masseur vient chercher le bras relâché le long du corps du massé puis l'amène progressivement vers l'arrière, jusque derrière la tête du massé. La main céphalique soutien le poignet tandis que la main caudale soutient le bras. Sur l'expiration du massé, le masseur étire progressivement le bras vers l'arrière grâce à son poids du corps. A l'inspiration, le masseur ne relâche qu'à peine l'étirement pour recommencer à l'expiration suivante, et ainsi de suite. L'intérêt de la manœuvre est de gagner en étirement progressif au fur et à mesure de la respiration du massé.

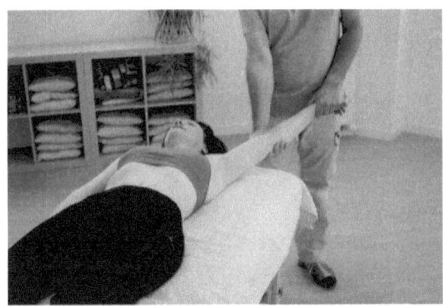

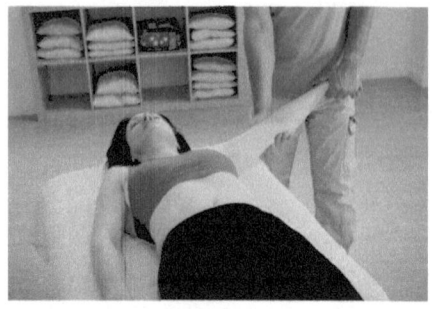
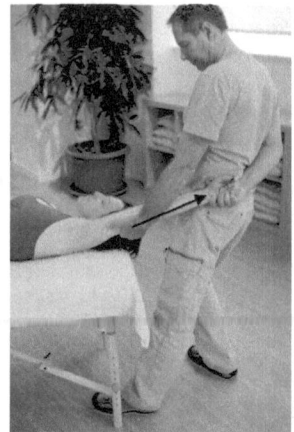
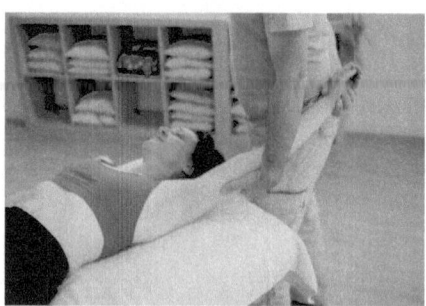

Pétrissage du muscle Triceps

Objectif : pétrissage par des mobilisations-glissées du triceps.

Position du massé : en décubitus ventral, le bras massé est posé sur la cuisse du masseur.

Position du masseur : assis à côté du bras massé (attention à ne pas avoir de contact direct avec le flanc du massé), le bras relâché est posé sur sa cuisse. Pour ne pas compresser le tendon du biceps, c'est le haut de l'avant-bras (au niveau du coude) qui sera en contact avec la cuisse du masseur.

Technique : les deux mains pressent le triceps d'un mouvement alternatif de droite à gauche en partant de l'épaule en direction du coude.

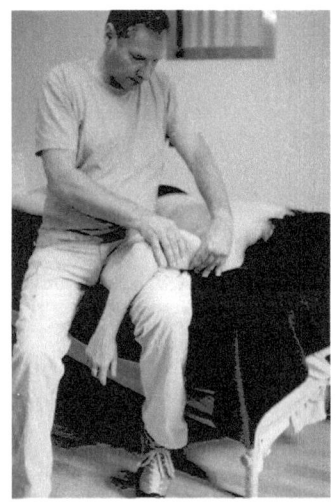

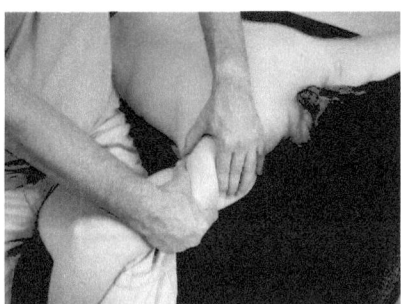

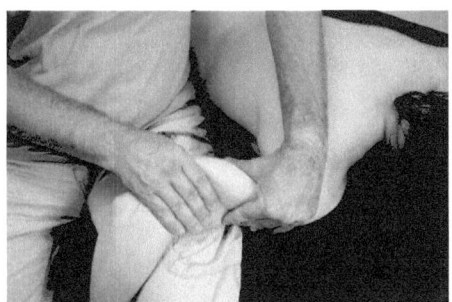

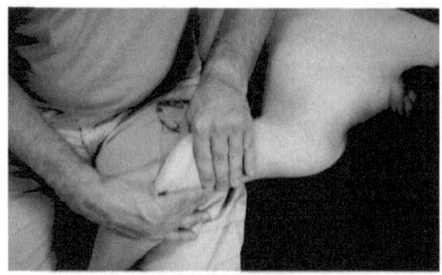

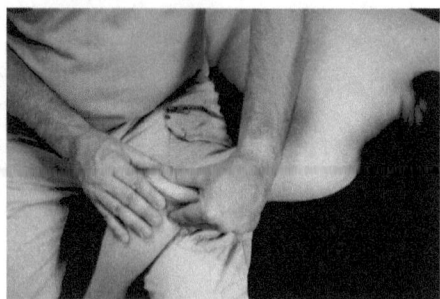

Massage des muscles Epicondyliens

Objectif : sentir toutes les tensions musculaires au niveau des muscles épicondyliens du bras et les masser en profondeur pour les relâcher.

Position du massé : en décubitus dorsal. Son bras est soutenu par le masseur.

Position du masseur : du même côté que la manœuvre. La main caudale soutient le bras du massé tandis que la main céphalique assure la manœuvre. Le bras peut aussi être relâché sur la cuisse du masseur, elle-même reposée sur la table.

Technique : la pulpe du pouce du masseur s'impacte entre le radius et le cubitus, au plus près du haut de l'avant-bras. Grâce au poids du corps, un mouvement circulaire de ponçage dans le sens des aiguilles d'une montre mobilise la zone massée. La sensation est souvent douloureuse pour le receveur mais bénéfique pour faire relâcher toutes les tensions musculaires.

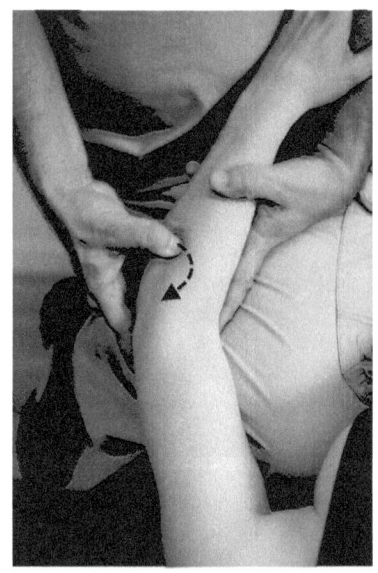
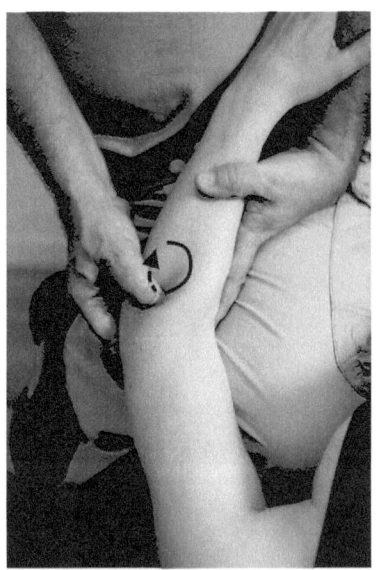
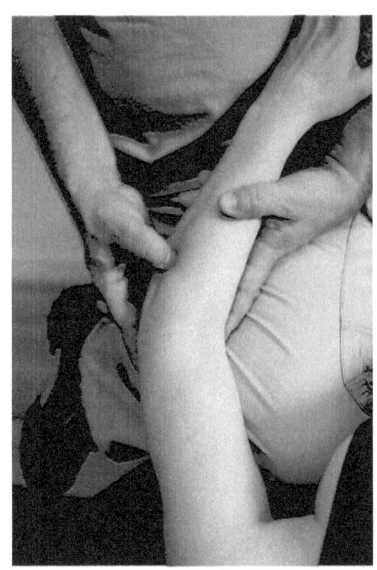

Massage des muslces Deltoïde (manœuvre en trépied)

Objectif : massage dans le sens des fibres du muscle deltoïde avec le bout des doigts afin de bien sentir et relâcher les tensions musculaires.

Position du massé : en décubitus dorsal. Le bras est soutenu par le masseur.

Position du masseur : du même côté que le bras massé. Le bras du massé est soutenu sous l'aisselle du masseur. Les jambes sont en position fente avant - fente arrière.

Technique : les mains sont en position de trépied. Elles glissent d'une façon rapide mais suffisamment profonde depuis la base du V deltoïdien jusqu'en haut de l'épaule. Chaque portion du deltoïde (antérieur, moyen, postérieur) est massé en mouvement d'aller-retour.

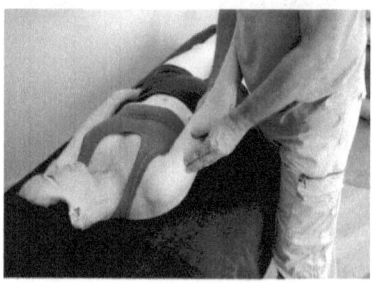 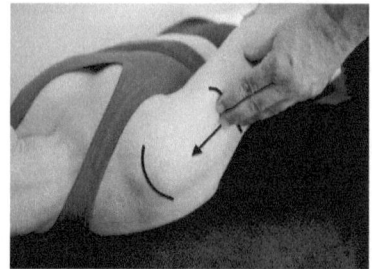

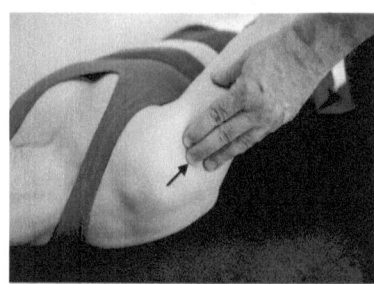 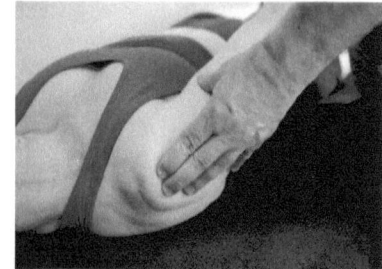

Massage des muscles Deltoïde (manœuvre perpendiculaire, en trépied)

Objectif : massage de l'épaule perpendiculairement aux muscles pour mieux sentir et relâcher les tensions musculaires.

Position du massé : en décubitus dorsal, la main posée sur le thorax pour maintenir le bras immobile.

Position du masseur : sur le côté opposé de l'épaule massée, les jambes sont en fente avant - fente arrière. La main céphalique est en position de trépied.

Technique : avec un doigt choisi (même si les autres doigts sont aussi posés), il part du haut de l'épaule en direction du bras en impulsant de rapide aller-retour en surjet (façon zigzag). La manœuvre de massage en elle-même se fait sur une surface de quelques millimètres, mais glisse et se prolonge jusqu'à la lisière du V deltoïdien.

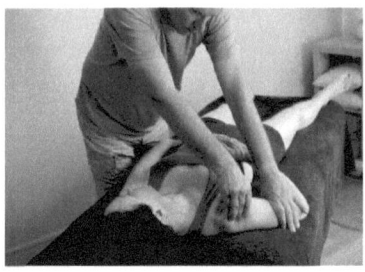
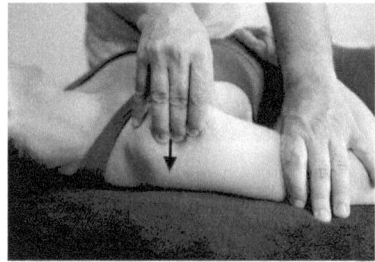
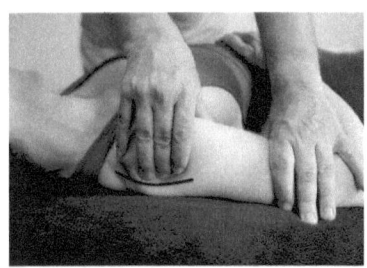
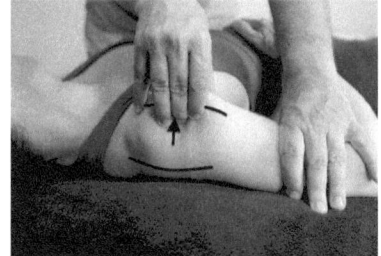

Massage des muscles Triceps (manœuvre en trépied)

Objectif : sentir et relâcher les tensions musculaires sur le triceps.

Position du massé : en décubitus dorsal.

Position du masseur : du même côté que la manœuvre. Le masseur soutient le bras du massé pour avoir un meilleur accès au triceps. Ses jambes sont en fente avant - fente arrière. La main extérieure est en position de trépied.

Technique : les doigts glissent en aller-retour pour sentir les tensions musculaires depuis le coude en direction de l'épaule. Ils s'y arrêtent et les massent localement en cas de découverte de contractures.

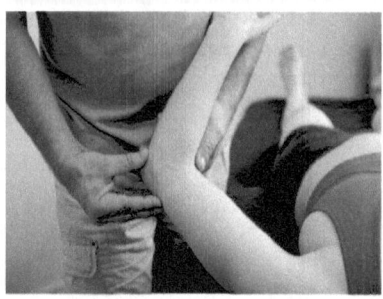 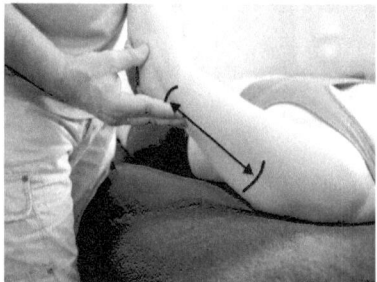

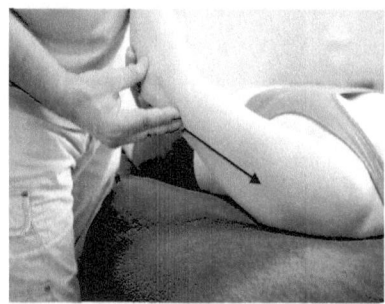 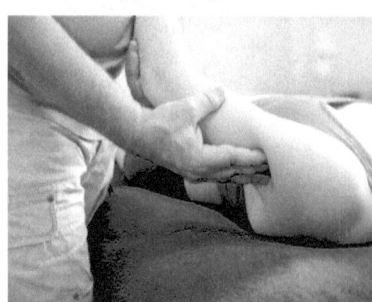

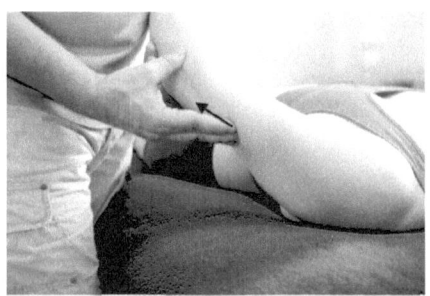

Massage du muscle Trapèze (manœuvre en trépied)

Objectif : sentir et relâcher en profondeur les tensions musculaires sur le trapèze.

Position du massé : en décubitus dorsal.

Position du masseur : du même côté que la manœuvre. Le masseur soutient l'avant-bras du massé sous son aisselle. C'est la main céphalique positionnée en trépied qui masse.

Technique : les doigts glissent en aller-retour depuis l'acromion vers la base du cou. Dès qu'une tension musculaire est repérée, le masseur insiste sur cette zone.

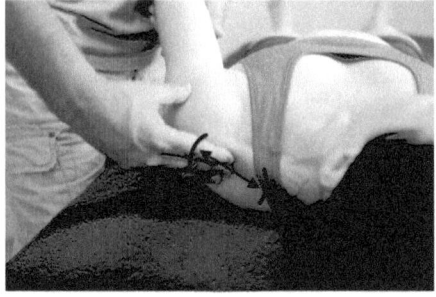

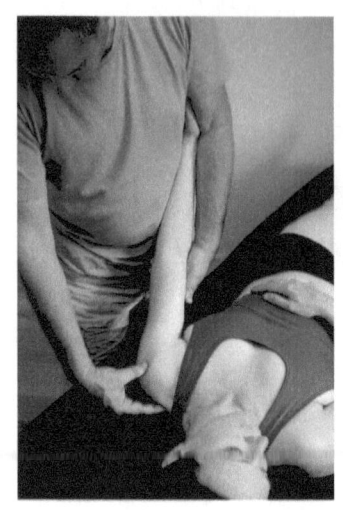
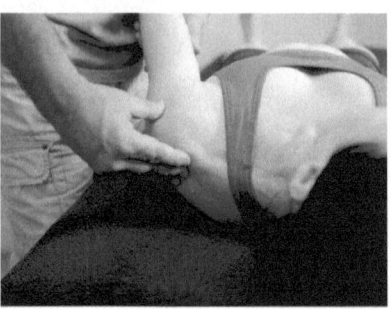
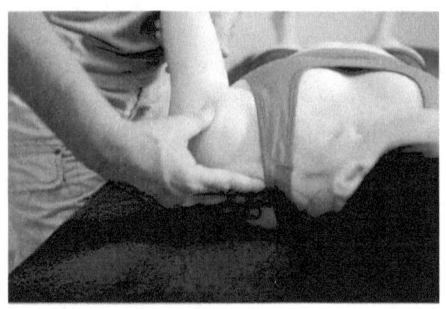

Pétrissage du muscle Pectoral

Objectif : pétrir en profondeur l'insertion au niveau des épaules des muscles pectoraux.

Position du massé : en décubitus dorsal. La main sur le thorax pour bien maintenir le bras relâché et immobile.

Position du masseur : à l'opposé de la manœuvre, à l'angle de la table. Les pieds sont parallèles pour travailler avec le poids du corps. Cette manœuvre peut se faire sans huile de massage.

Technique : les doigts viennent d'abord prendre ensemble l'insertion du pectoral, sous l'aisselle au plus près de l'épaule puis la tire et la maintient en arrière grâce au poids du corps. Puis un mouvement de torsion de gauche à droite et vice-versa est impulsé pour créer le pétrissage.

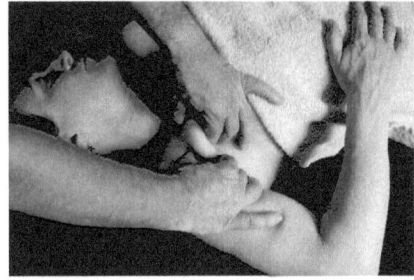

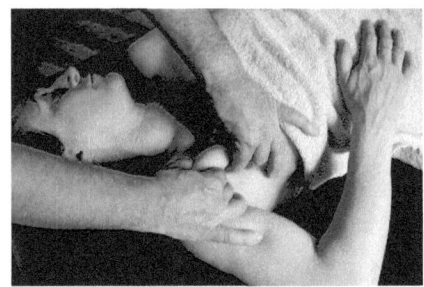

Massage des muscles Scalènes (manœuvre en trépied)

Objectif : masser en pression-glissée sur les muscles scalènes.

Position du massé : en décubitus dorsal, sa tête mise sur le côté repose sur l'avant- bras du masseur.

Position du masseur : il soutient la tête du massé sur son avant-bras dont le coude est reposé sur la table, ce qui décharge le dos du masseur. La main extérieur est positionnée en trépied et les doigts sont sur les scalènes (derrière le SCOM, muscle décrit au paragraphe suivant).

Technique : la main impulse des allers-retours rythmés du haut en bas des scalènes. Les doigts sentent les tensions musculaires et insistent dessus en cas de découverte de contractures.

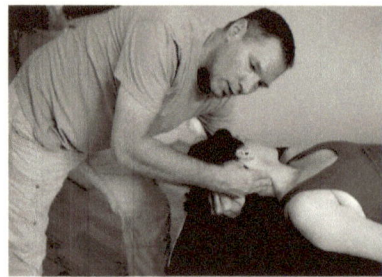
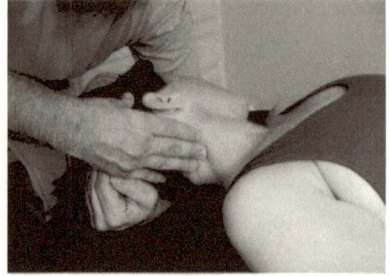

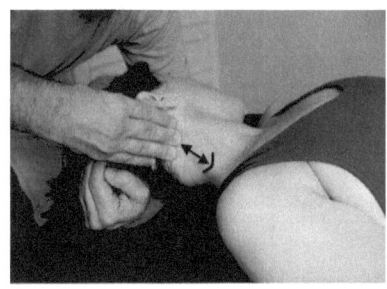 

Pétrissage du muscle Sterno Cleido Mastoïdien (SCOM)

Objectif : pétrissage du SCOM.

Position du massé : en décubitus dorsal, la tête sur le côté, directement posée sur la table.

Position du masseur : à l'opposé de la manœuvre, les pieds parallèles pour utiliser le poids du corps et surtout pour le rythme lent de ce massage. La tête du massé est tournée vers le masseur.

Technique : de part et d'autre du muscle, les index et les pouces prennent le SCOM. Une mobilisation alternativement en avant et en arrière est impulsée pour pétrir le muscle. Pour le confort du massé, le pétrissage peut se faire uniquement sur le premier tiers du muscle.

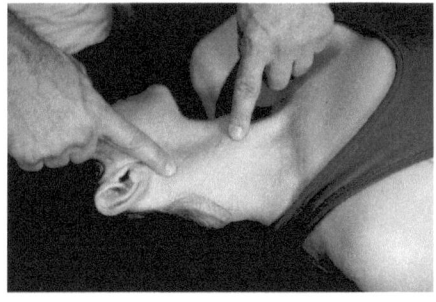

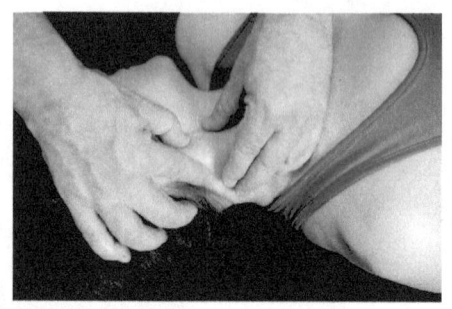

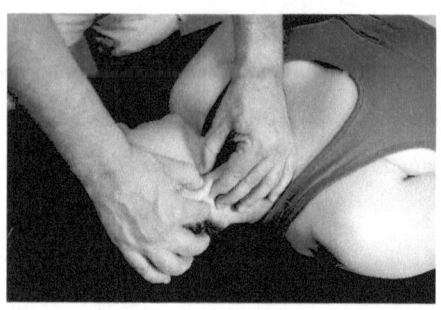

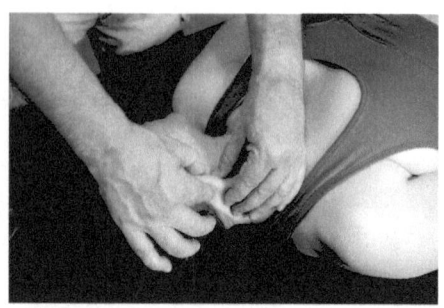

Massage du muscle Carré des Lombes (manœuvre en trépied)

Objectif : relâchement des muscles du carré des lombes.

Position du massé : en décubitus ventral.

Position du masseur : à l'opposé de la manœuvre, position des jambes en fente avant - fente arrière pour bien s'aider du poids du corps. Les mains sont en position de trépied.

Technique : pour bien sentir ces muscles lombaires, le masseur commence par glisser ses mains sur les lombaires en direction du flanc opposé, et revient en arrière pour s'accrocher les doigts sur le carré des lombes. Puis il impulse une manœuvre avant-arrière sur quelques centimètres pour masser entre la 12° côte et la crête iliaque.

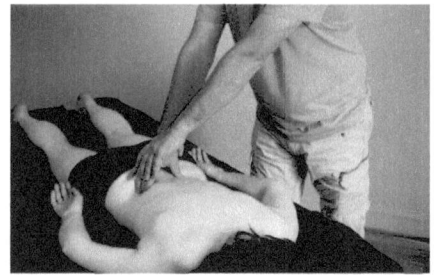

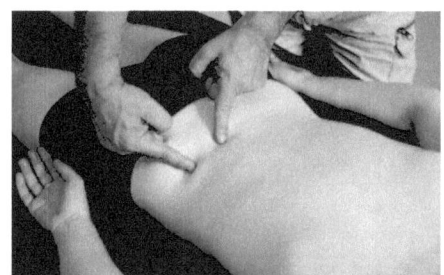

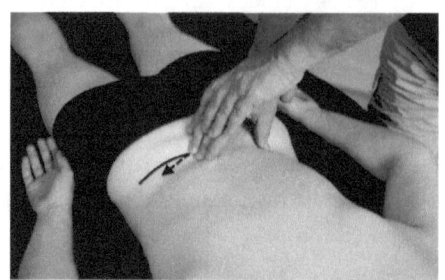

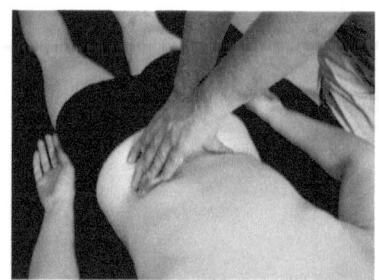
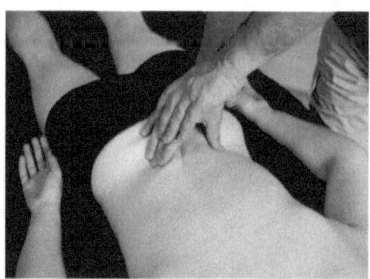

Massage du Sacrum (manœuvre en trépied)

Objectif : massage de détente du sacrum.

Position du massé : en décubitus ventral.

Position du masseur : à l'opposé de la manœuvre, les mains en trépied sur le sacrum et les jambes en position fente avant - fente arrière pour s'aider du poids du corps.

Technique : après avoir impacté ses doigts, le masseur impulse des mouvements rapides de pressions glissées avant-arrière et perpendiculaires sur tout le sacrum.

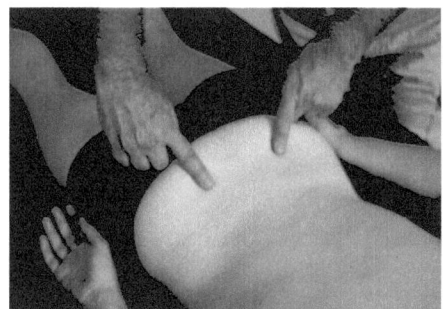

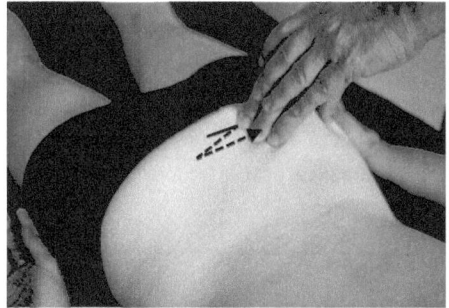

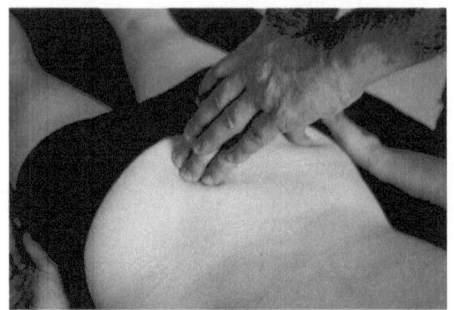

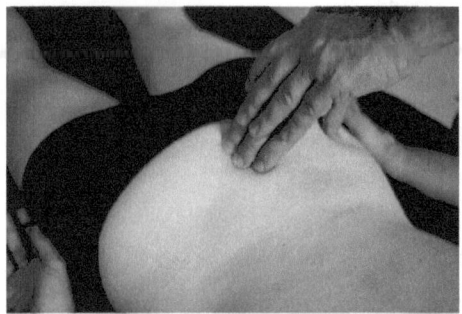

Pétrissage des muscles Fessiers

Objectif : pétrir profondément tous les muscles des fessiers.

Position du massé : en décubitus ventral.

Position du masseur : à l'opposé des fessiers massés, les pieds sont parallèles pour bien pratiquer avec le poids du corps.

Technique : les mains créées alternativement une torsion des muscles fessiers choisis.

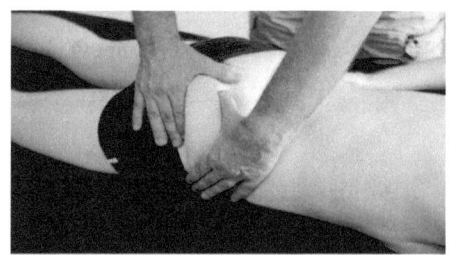

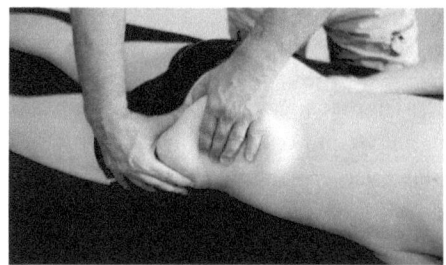

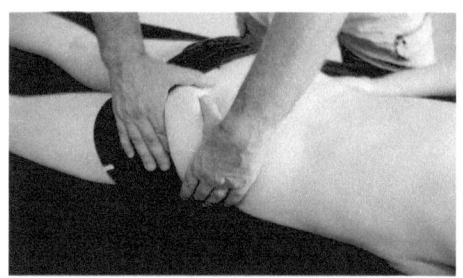

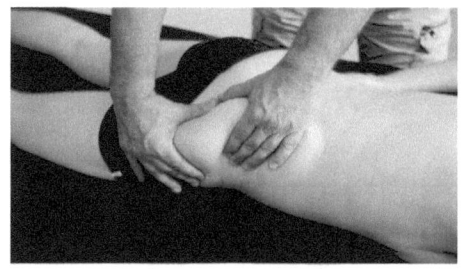

Massage des attaches des muscles Fessiers (manœuvre en trépied)

Objectif : sentir avec le bout des doigts et relâcher en profondeur les attaches des fessiers.

Position du massé : en décubitus ventral.

Position du masseur : à l'opposé des muscles fessiers massés. Les jambes sont en position fente avant - fente arrière pour s'aider du poids du corps. Les mains sont en position de trépied.

Technique : la manœuvre peut commencer sur le fessier même, à un centimètre sous l'épine iliaque antéro-supérieur (l'EIAS, l'os avant du bassin que l'on peut palper au raz de la table). La main se ferme au fur et à mesure qu'elle remonte vers le sacrum. Elle est aidée par le poids du corps du masseur qui va vers l'arrière. Puis la main s'ouvre et se relâche pour revenir un peu en direction du bord du fessier, et se referme à nouveau pour remonter encore plus vers le sacrum. Et ainsi de suite jusqu'au bord du sacrum.

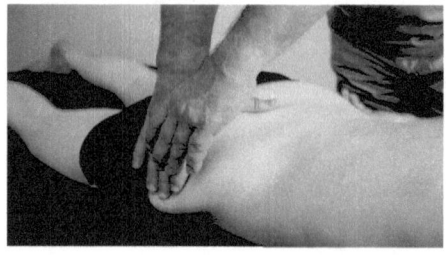

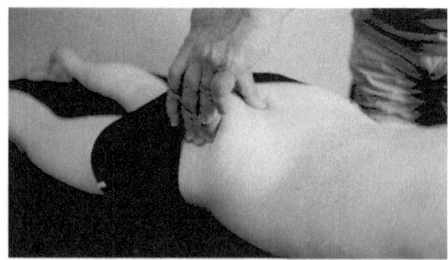

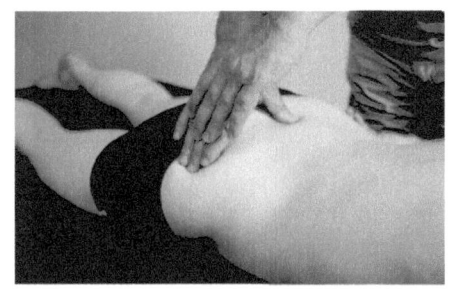

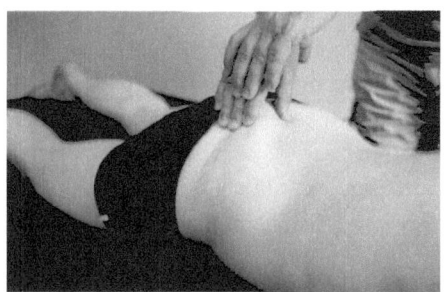

Massage des tendons des muscles ischios-jambiers

Objectif : étirer et détendre perpendiculairement les tendons des muscles ischios-jambiers.

Position du massé : en décubitus ventral.

Position du masseur : du même côté que la manœuvre. Les doigts en position de trépied. Le poids du corps se fera en position de fente avant - fente arrière.

Technique : les doigts viennent d'abord glisser de l'extérieur vers l'intérieur le long du pli fessier. Puis tel un grappin, les doigts ramènent les tendons des ischios-jambiers vers l'extérieur de la cuisse pour pouvoir les étirer. Enfin, de petits allers-retours sont impulsés d'arrière vers l'avant (donc perpendiculaire à la cuisse) pour mobiliser les tendons. Les doigts ne glissent pas sur les tendons, source d'inconfort et de douleurs possibles, peu agréable pour le massé. Ils mobilisent les tendons.

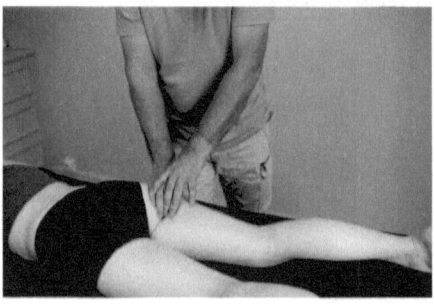

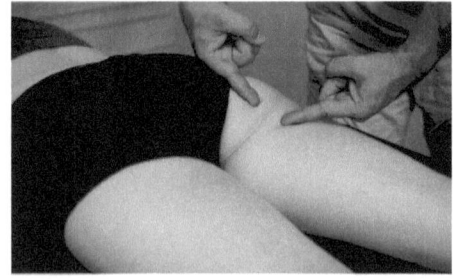

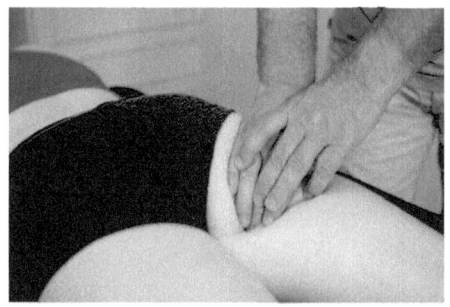

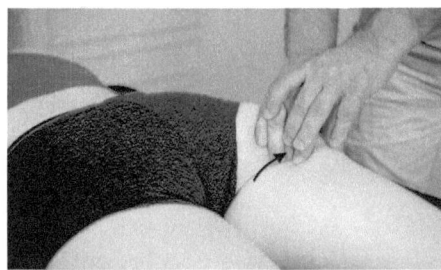

Massage du muscle Trapèze supérieur (perpendiculaire aux fibres)

Objectif : sentir avec le bout des doigts et relâcher en profondeur le muscle trapèze supérieur.

Position du massé : en décubitus ventral.

Position du masseur : à l'opposé du trapèze massé. Les jambes sont en position fente avant - fente arrière pour s'aider du poids du corps. Les mains sont en position de trépied.

Technique : la manœuvre peut commencer sur le bord interne du trapèze, au plus près de la nuque. Les doigts glissent en aller-retour perpendiculairement sur la totalité du trapèze pour bien sentir les zones contracturées. Le masseur est aidé par son poids du corps qu'il impulse d'arrière en avant.

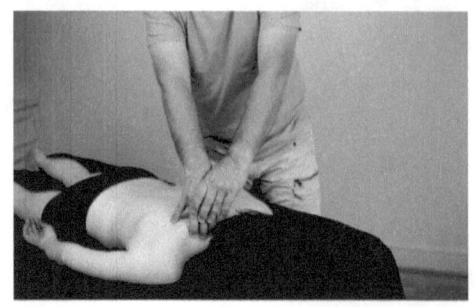
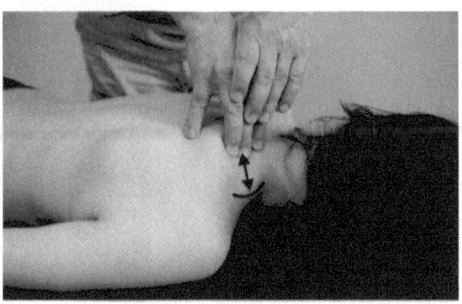
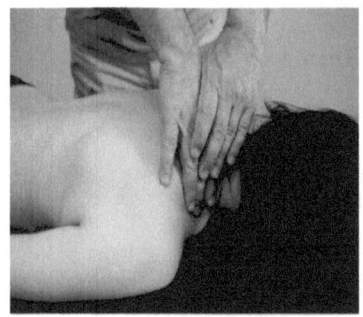
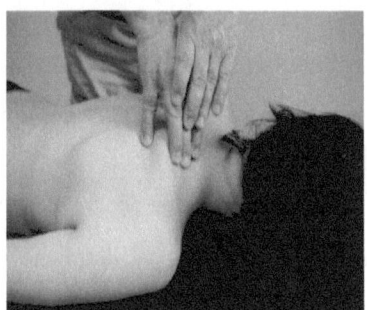

Massage du muscle Trapèze moyen (avec le pouce)

Objectif : sentir toutes les contractures musculaires de chaque côté de la colonne vertébrale et relâcher toutes les tensions avec un pouce.

Position du massé : en décubitus ventral. Les bras sont de préférence le long du corps afin de bien « relâcher » le dos du massé.

Position du masseur : à la tête du massé. Un pouce se pose entre le haut de la colonne vertébrale et l'omoplate. Les pieds du masseur sont en position parallèle.

Technique : grâce au poids du corps se transférant de droite à gauche et vice-versa, le pouce du masseur impulse un surjet sur quelques centimètres, tout en descendant en direction du bas du dos. Les muscles concernés par cette manœuvre sont le Trapèze et les muscles Rhomboïdes.

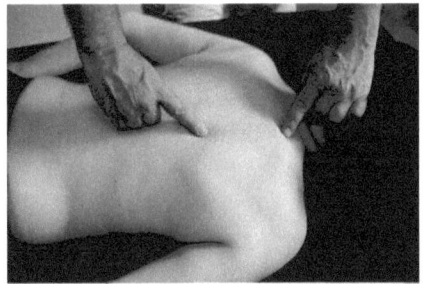

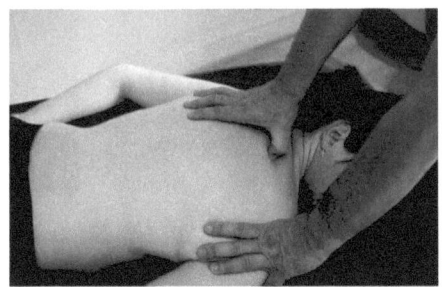

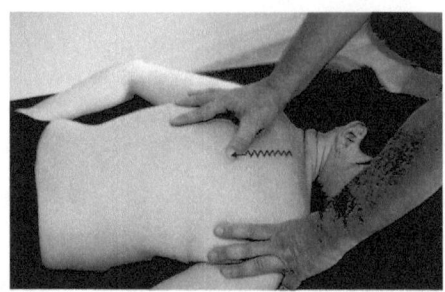

Pétrissage du muscle Trapèze

Objectif : mobilisation en profondeur des muscles trapèzes supérieurs.

Position du massé : en décubitus ventral, le dos des mains sous le front.

Position du masseur : à l'opposé des trapèzes massés, pieds parallèles pour mieux pratiquer avec le poids du corps.

Technique : les deux mains enserrent le trapèze grâce au poids du corps vers l'arrière. Tout en gardant ce léger étirement, il se créé une mobilisation par un jeu de torsion de gauche à droite et vice-versa.

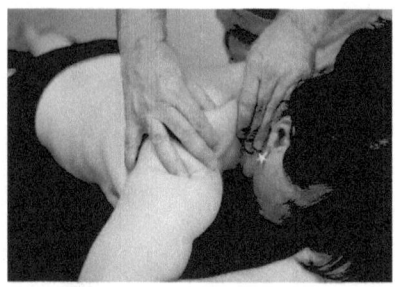
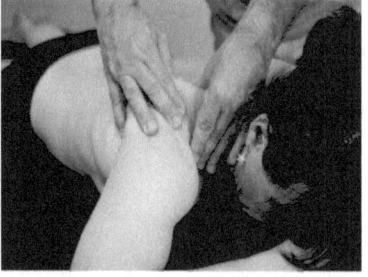

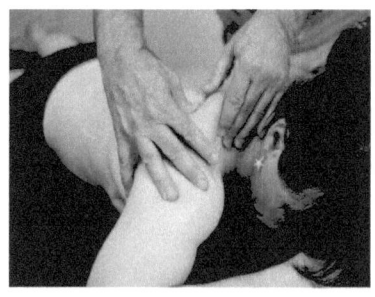 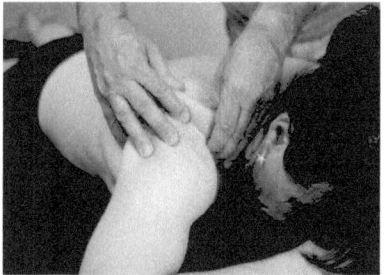

Massage du muscle Sous-épineux (manœuvre en trépied)

Objectif : relâchement du muscle Sous-épineux (omoplate) par des pressions glissées parallèles au muscle.

Position du massé : en décubitus ventral, les mains sous le front.

Position du masseur : à l'opposé de la manœuvre, position fente-avant - fente arrière pour travailler avec le poids du corps. Les mains sont en position de trépied.

Technique : les doigts glissent en aller-retour sur l'omoplate au niveau du muscle.

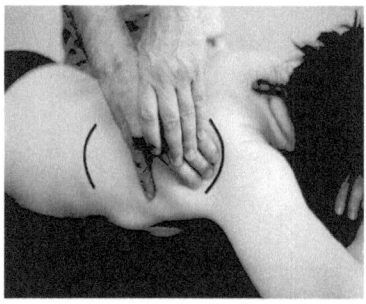 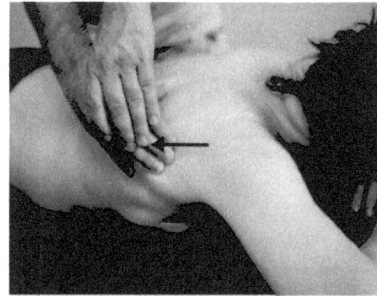

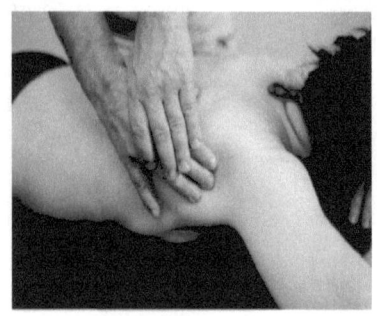 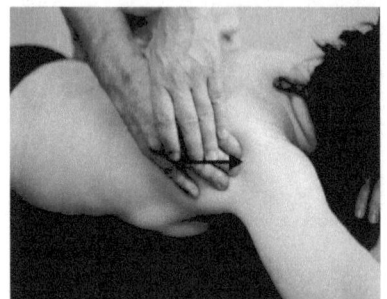

Massage du muscle Sous-épineux (manœuvre en trépied)

Objectif : massage en profondeur, perpendiculaire aux muscles, ce qui permet de mieux sentir et relâcher les tensions musculaires.

Position du massé : en décubitus ventral, les mains sous le front.

Position du masseur : à l'opposé de la manœuvre, les jambes sont en position fente avant - fente arrière et les mains en position de trépied.

Technique : le masseur effectue des pressions glissées en allers-retours, perpendiculaires sur la totalité de l'omoplate. La longueur de la pression des doigts glissent sur une surface très petite, presque en position de surjet. La manœuvre peut débuter à la pointe inférieure de l'omoplate pour remonter jusqu'à l'épine supérieure de l'omoplate.

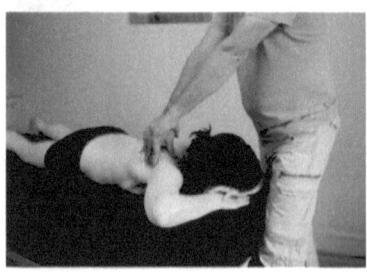 

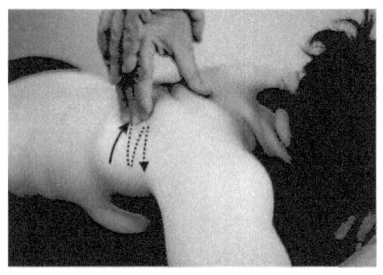 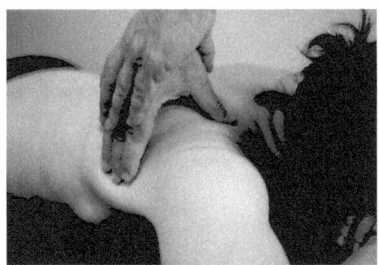

Pétrissage des muscles de la nuque

Objectif : mobilisation profonde des muscles de la nuque.

Position du massé : en décubitus ventral, le front sur le dos des mains si la table de possède pas de têtière.

Position sur masseur : à l'opposé de la manœuvre, les pieds parallèles pour pratiquer avec le poids du corps.

Technique : les doigts prennent les muscles de la nuque et vont les mobiliser-glisser par un mouvement de torsion.

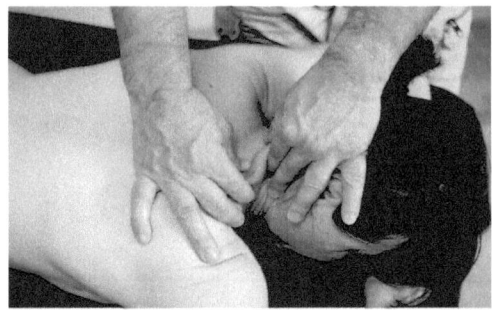

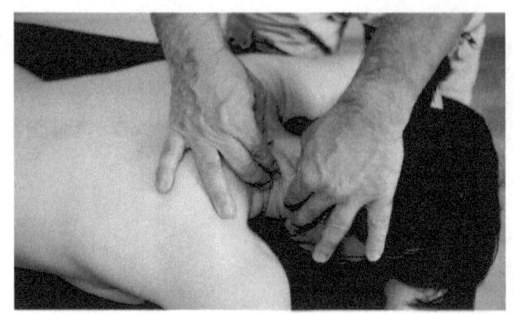

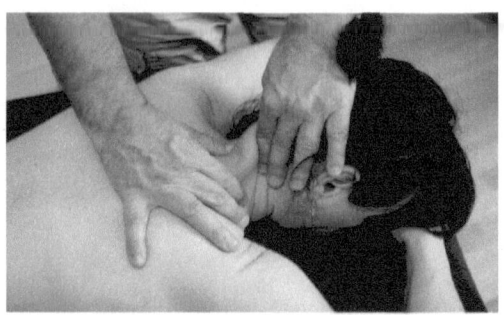

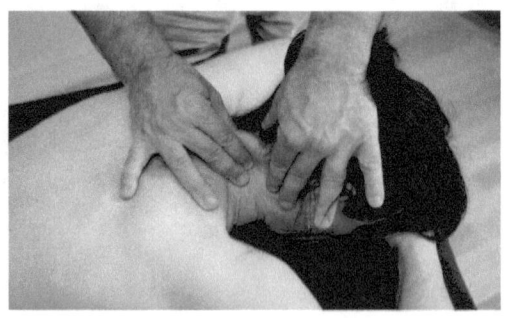

Massage des muscles de la nuque (manœuvre en surjet)

Objectif : sentir et relâcher en profondeur toutes les tensions musculaires de la nuque, sur le bord du trapèze qui remonte vers la base de la tête.

Position du massé : en décubitus ventral, les mains sont sous le front.

Position du masseur : à l'opposé de la manœuvre, le majeur se pose à la base de l'angle du trapèze, les autres doigts sont relâchés (pouce à l'opposé).

Technique : le masseur, après s'être posé sur le bord du trapèze, va impulser avec son poids du corps des allers-retours avant-arrière, en partant de l'angle du trapèze et en remontant vers la base du crâne. Le but est de sentir toutes les contractures et de s'arrêter sur celles-ci avec une manœuvre de surjet.

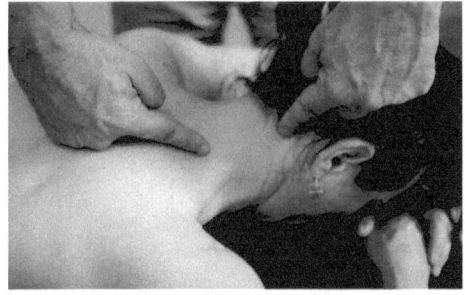

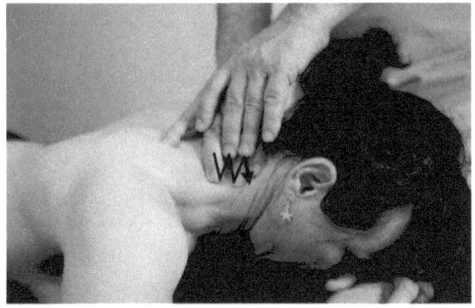

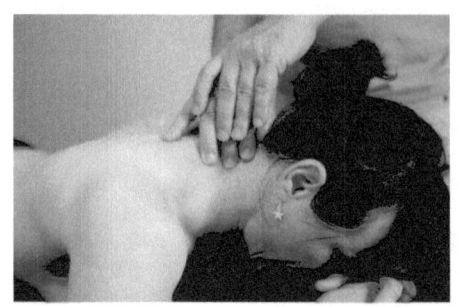

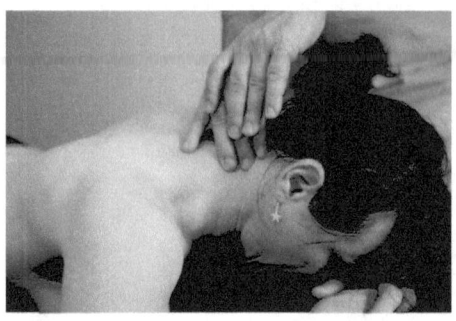

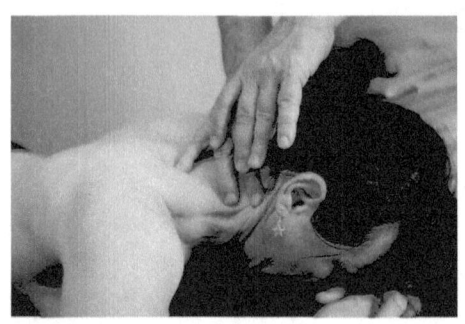

CHAPITRE 5

Les blessures du sportif

Savoir les reconnaitre et prise en charge du sportif blessé

Malgré toutes les précautions consenties dans sa préparation, le sportif, qu'il soit amateur ou professionnel, peut à tout moment connaître une période de sa vie où il sera sujet à des blessures.

Moments très handicapants, il est intéressant de connaître les gestes à faire ou à ne pas faire pour optimiser le rétablissement du sportif et être capable de lui faire reprendre ses activités dès que possible.

Les facteurs intervenants dans l'apparition d'une blessure sont nombreux :

L'âge influence la solidité des muscles et des tendons, ceux-ci devenant moins souples.

A partir de 30 ans, la solidité des ligaments décline. Les enfants ont des ligaments plus solides qu'à l'âge adulte, d'où la propension aux arrachements osseux plutôt que ligamentaires lors des entorses enfantines,

Les risques pris dans l'activité physique (souvent, plus le sportif est jeune, plus il prend des risques),

L'expérience, où il est notable que les débutants se blessent plus souvent que les sportifs confirmés,

Le niveau d'entraînement a une importance puisque, statistiquement, les blessures arrivent plus souvent en début de saison,

L'échauffement qui peut être insuffisant et qui contribue à des ruptures fibreuses,

Le surentraînement ou lorsque le sportif ne prend pas le temps de se reposer suffisamment,

Une alimentation déséquilibrée n'apportant pas suffisamment de nutriments et une mauvaise hydratation. Une alimentation acidifiante créée également des points douloureux au cœur des muscles,

Les installations sportives qui ne sont pas adaptées à l'activité et pour lesquelles elles ne sont pas destinées,

Le changement de matériel (dans le tennis 70% des épicondylites résultent d'un changement de raquette,

Les mauvaises conditions atmosphériques, où les risques de blessures sont plus importants par temps froid et humide,

Le repos de la mi-temps propice aux blessures, la température musculaire pouvant baisser significativement,

La protection du sportif qui occasionne des chocs,

L'état de santé et l'hygiène peu pris en considération (certaines tendinopathies peuvent être occasionnées par des caries dentaires).

Le psychisme face à une blessure musculaire

Une relation étroite existerait entre le psychisme et les tensions intramusculaires. Il existerait une relation directe entre l'intensité du vécu émotionnel (les sportifs se disent souvent très euphoriques avant la survenue d'une blessure) et la fragilité de la musculature.

Le cerveau abrite une entité, la substance réticulée, qui se trouve stimulée en cas de stress. Peu importe que celui-ci soit de nature joyeuse ou angoissée. Cette activation se répercute ensuite sur la sensibilité des fuseaux neuromusculaires, sorte de récepteurs au cœur des muscles et chargés de garantir la rapidité de la contraction réflexe en cas d'étirement brutal et de déterminer le tonus musculaire à l'état de repos.

En cas de stress trop intense, le muscle sauterait comme un fusible. Le cerveau, par le biais du système nerveux central, déciderait ainsi d'arrêter les frais pour prévenir les blessures (Ref 1).

Les différentes blessures

Nous aborderons ici les blessures les plus courantes, que l'on peut détecter dans bon nombre de sports. Ne pas hésiter à consulter un médecin en cas de doute sur le diagnostique, sur l'étendue des lésions ou le traitement à appliquer.

Aujourd'hui, l'imagerie médicale a fait d'énormes progrès en matière de diagnostiques très finement posés. L'on peut savoir désormais sur quelle portion exacte des fibres a eu lieu la blessure, son intensité, ses chances de réhabilitation... Cependant, les masseurs ne peuvent pas, bien sûr, transférer tout cet arsenal hospitalier d'imagerie médicale au plus près d'un terrain de football, par exemple.

Donc, même s'il est évidemment intéressant de diagnostiquer le plus justement possible une blessure, nous devrons encore nous contenter, sur le terrain, des anciennes notions de claquage ou de déchirure musculaire pour prendre en charge rapidement un sportif blessé. Ces notions sont parfois considérées comme obsolètes face à la pertinence d'une imagerie médicale, mais elles me paraissent encore fondées lors d'un trekking en haute montagne, par exemple, où la prise en charge d'une blessure en milieu isolé aura encore tout son sens...

Il faut distinguer plusieurs sortes de blessures : les blessures musculaires, ligamentaires, tendineuses, les blessures osseuses, et les blessures de la peau.

Les blessures musculaires

La courbature

Que se passe t-il ?

Il s'agit plus d'un processus inflammatoire et non de micro-déchirures des fibres musculaires et de leurs enveloppes, comme on le croit souvent.

Les recherches scientifiques avancent et une étude publiée par un groupe de recherche canadien de l'université McMaster dans la revue « Science Translational Medecine » en février 2012 (Ref 2) vient confirmer scientifiquement les impressions cliniques mentionnées ci-dessus.

L'étude incluait 11 sportifs âgés d'environ 20 ans qui, suite à des tests d'effort effectués précédemment pour déterminer leurs capacités physiques (quelques jours avant l'expérience), réalisaient, après une biopsie de contrôle sur les quadriceps (vaste latéral) des 2 membres inférieurs, un effort de 70 minutes sur cyclo-ergomètre jusqu'à épuisement. Un massage de 10 minutes était alors réalisé à la fin de l'exercice sur seulement un des 2 membres inférieurs et deux nouvelles biopsies étaient faites 10 minutes et 2h30 après l'effort.

Les résultats des biopsies constatèrent des changements métaboliques importants dans le muscle massé (quadriceps) par rapport au muscle non massé. Ils mirent en exergue que par un processus de **mécano transduction** (transformation des messages mécaniques de la main sur les tissus en messages biologiques), les protéines kinases (protéines fondamentales dans le contrôle des fonctions du vivant) modifièrent leur structure chimique et induisirent une cascade d'événements biologiques qui activèrent certains gènes. L'équipe de recherche a constaté la modification de 9 gènes différents dont certains gènes impliqués dans la diminution des mécanismes d'inflammation.

C'est un des maux les plus fréquents lors d'un effort musculaire de début d'activité sportive.

L'acide lactique, souvent incriminé, ne serait pour pas grand-chose dans cette pathologie, car il se retrouve en grande partie dans le foie 20 minutes en moyenne après l'arrêt de l'effort (pour un marathon), alors que les courbatures apparaissent généralement au moins 72 heures après l'effort.

Une des causes les plus plausibles serait que le changement radical d'activité provoquerait un gonflement du muscle dû à l'augmentation de pression sanguine interne, et qui comprimerait les fibres musculaires, empêchant celles-ci de se contracter facilement.

Que ressent-on ?

Une sensation de gêne, d'endolorissement, d'avoir été roué de coups. On lève le petit doigt et on a mal partout !!

Que faire ?

Mettre de la chaleur sur la zone douloureuse (sous forme de bains chauds de moins de 10 minutes ou de compresses chaudes). Il existe également des « emplâtres américains », sorte de sparadrap chauffant que l'on ajuste sur la zone sensible en le découpant à l'envie. Le sportif peut le garder 48 heures et même le garder pour se doucher. Seule précaution à prendre, ne pas le poser sur des poils car c'est l'épilation garantie quand vous le retirerez... Et vous ne vous ferez pas que des amis !!

Etirer lentement la partie endolorie.

Masser légèrement la zone sous forme d'effleurage.

Prendre 3 granules d'Arnica Montana en homéopathie (5 CH), si vous êtes positivement sensible à l'homéopathie.

Bien s'hydrater

Le temps de la guérison ?

Avec un repos simple, même sans soins particuliers, les douleurs disparaissent souvent en 3 ou 4 jours. Cependant, ne pas hésiter à bouger, même si les sensations douloureuses sont désagréables.

Pour prévenir les courbatures :

S'échauffer suffisamment avant l'activité sportive (en exercices dynamiques : trottiner, pédaler). Un muscle a besoin de « monter en température », soit à 38° / 38,5°.

Masser en préparation à l'effort.

Ne pas s'asseoir, ni s'allonger dès la fin de l'activité pour maintenir une circulation sanguine efficace.

La crampe musculaire

Que se passe t-il ?

Le muscle se contracte involontairement, brutalement et temporairement.

Ces crampes peuvent survenir lors d'un long effort ou en phase de repos. Certaines personnes ont des crampes pendant le massage, souvent sous la plante des pieds. N'hésitez pas alors à bien soutenir les chevilles pour que les doigts de pieds n'aient pas de contact avec la table de massage.

Beaucoup d'idées reçues circulent sur les causes des crampes, en premier lieu celui qu'elles seraient provoquées par un manque d'hydratation.

Une étude parue en décembre dernier dans le BJSM (Réf 3) vient confirmer une « nouvelle » théorie déjà énoncée dans les années 1990 par Schwellnus (Réf 4) puis reprise plusieurs fois par différents auteurs : celle de l'altération du contrôle neuromusculaire. Deux observations cliniques s'imposaient déjà à l'époque à ces chercheurs: primo les muscles les plus atteints étaient ceux ayant travaillé le plus lors d'un exercice physique et secundo les crampes touchaient localement certains muscles ce qui ne plaidait pas en faveur d'un problème systémique comme la déshydratation. De même, les étirements calmant les crampes, une action si locale mettrait en jeu le rôle de l'innervation réciproque par mise en cours externe du muscle et donc, pencherait en faveur d'une action neuromusculaire.

Ni un déséquilibre en magnésium, potassium ou sodium n'est repéré chez les coureurs qui souffrent de crampes à l'effort.

Selon l'hypothèse la plus probable actuellement, les crampes seraient dues à un emballement de la commande nerveuse responsable de l'activation du muscle. Le nerf demanderait sans cesse au muscle de se contracter.

Lorsque les réserves musculaires en sucre baissent, une production d'ammoniaque s'ensuit. Ces déchets d'ammoniaque influeraient sur la commande nerveuse au niveau des muscles. Ceci reste l'explication la plus proposée.

Que ressent-on ?

Une contraction violente du muscle qui peut durer de quelques secondes à plusieurs minutes.

Que faire ?

Etirer doucement le muscle dès que la douleur paraît. Parfois le plus difficile est de trouver « le bon angle » pour étirer le muscle incriminé.

Masser la zone contractée dans un deuxième temps.

Le temps de la guérison ?

La raison de l'apparition des crampes provient de facteurs très différents, à détecter. Cependant :

S'échauffer suffisamment avant la pratique du sport.

Bien s'hydrater avant l'activité physique.

Bien adapter le matériel à l'activité sportive.

Savoir se reposer (attention au surentraînement).

Si les récidives sont fréquentes, aller voir un médecin qui procèdera à une investigation plus poussée (maladies pouvant concerner les nerfs, insuffisances sanguines, manque de sels minéraux…).

La contracture musculaire

Que se passe t-il ?

Le muscle alternant les périodes de contraction et de décontraction, il ne se relâche pas correctement à un moment donné et reste en contraction permanente, créant ainsi une « boule », un « nœud » occasionnant une douleur à la palpation.

La douleur est probablement provoquée par des lésions des enveloppes du muscle (tissus conjonctif).

Ces mini-lésions déclenchent l'excitation d'un nerf qui en informe les centres nerveux. Par retour, ce dernier augmente la tonicité du muscle afin de diminuer les mouvements et donc l'aggravation des blessures.

Que ressent-on ?

Un excès de tonus musculaire.

Une douleur à la palpation, à l'étirement ou à la contraction.

Que faire ?

Mettre de la chaleur, par exemple un emplâtre américain (sparadrap chauffant) ou prendre des bains chauds.

Masser les zones douloureuses (massages légers au début, puis progressivement masser plus en profondeur et localement, ou transversalement). C'est la raison d'être du massage de récupération après l'effort.

Le temps de la guérison ?

Chercher la cause qui peut être :

Un geste sportif inadapté qui fatigue prématurément le muscle.

Une carence en magnésium, potassium ou de vitamine E (si le muscle est très dur et forme des « boules »).

Un nerf « pincé », auquel cas, ne pas hésiter à faire appel aux services d'un ostéopathe.

Un mauvais échauffement.

Une absence d'étirements des muscles après l'effort.

Une hydratation insuffisante.

Un fonctionnement exagéré d'un groupe musculaire.

Du matériel peu adapté à l'activité physique.

L'élongation

Que se passe t-il ?

Lors d'un effort musculaire, les fibres du muscle sont étirées plus qu'il ne le faudrait. Il s'agit d'une micro déchirure des muscles et des enveloppes de ces muscles.

Cependant, même s'il y a un étirement soudain, fort et rapide des fibres, ceux-ci ne se cassent pas, ce qui n'occasionne pas d'ecchymose (bleue) ni d'épanchement sanguin dans les tissus musculaires.

Que ressent-on ?

Une douleur immédiate et très localisée au niveau d'un muscle, d'un tendon ou ligament. Elle peut être ressentie jusqu'au lendemain.

Cette douleur n'oblige pas forcement à s'arrêter dans son effort en cours.

Que faire ?

Sur place : méthode « **GREC** »* pour les francophones, ou « **RICE** »* et « **POLICE**»* pour les anglophones. Ce sont des acronymes permettant de bien mémoriser les gestes à faire.

Glacer la zone douloureuse (à l'aide d'une vessie entourée d'un linge). Le temps optimal de glaçage pour être sûr de son efficacité sans pour autant léser les tissus fibreux et musculaires sous-jacents sera de 10 minutes par tranche de ¾ d'heure. Cette technique aurait l'avantage de permettre un retour à la normale de la température cutanée tout en refroidissant la partie profonde du muscle (Réf 5).

Poser votre vessie de glace pendant 10 minutes, puis retirez-là et laissez reposer la zone pendant 45 minutes. Recommencez l'opération si besoin est (lorsque le sportif n'a pas été évacué ou déjà pris en charge par les secours médicaux).

Faire **Reposer** le sportif blessé, c'est-à-dire ne plus faire d'effort physique pour ne pas risquer d'aggraver la situation et de ne pas passer d'une blessure d'élongation à une blessure de claquage musculaire. Nous verrons la différence par la suite.

Elever la partie lésée concernée (avec un angle de 45° au moins pour être efficace). Ceci permet d'améliorer et de soulager le retour veineux car les pulsations du cœur pourraient risquer de créer un épanchement sanguin dans les tissus musculaires.

Compresser à l'aide d'un bandage pour les mêmes raisons que l'élévation de la partie lésée.

Ne pas masser car cela serait d'une part douloureux mais risquerait aussi de provoquer une calcification du muscle massé si celui-ci était trop souvent et profondément sollicité par un massage. Les cas sont rares, mais ils existent…

Ne pas étirer le muscle concerné (au moins pendant 4 à 5 jours) car les fibres musculaires étirées sont encore fragiles et cela risquerait de provoquer un épanchement sanguin. Ce qui serait dommage après avoir réagit de façon correcte avec les méthodes décrites ci-dessus.

Par contre, 2 ou 3 jours après la survenue de l'élongation, un massage léger est possible avec pour objectif de nourrir la zone blessée et lui apporter, grâce à une vasodilatation locale, les nutriments nécessaires à sa cicatrisation.

Pour activer le retour à la normale, vous pouvez aussi mettre de la chaleur (bain) sur la zone et garder cette source de chaleur (emplâtre américain, par exemple). Ce sont les mêmes raisons que pour l'intérêt du massage.

Le sportif devra consulter un médecin qui effectuera une échographie afin de voir l'étendue réelle des dégâts musculaires ou tendineux.

Le temps de la guérison ?

Après 7 jours de repos complet pour permettre la cicatrisation, le sportif pourra reprendre une activité physique légère.

Pour savoir si la reprise d'une activité physique n'est pas trop précoce en cas de blessures des membres inférieurs, une astuce consiste à monter et descendre un escalier sur plusieurs étages. Plus aucune douleur ne doit apparaitre lors de cet exercice, sous peine de devoir attendre encore quelques temps pour recommencer à pratiquer un sport. Vous pouvez toujours essayer le même exercice sur les mains en cas de blessures des membres supérieurs !!...

* **GREC :** **G**lace - **R**epos – **E**lévation – **C**ompression
* **RICE :** **R**est – **I**ce – **E**levation – **C**ompression
* **POLICE :** **P**rotection - **O**ptimal **L**oading – **I**ce - **C**ompression - **E**levation

Protection et Optimal Loading : équilibrer repos et charge mécanique durant la réhabilitation.

** Nous utiliserons la méthode « GREC » pour les élongations, les claquages et les déchirures/ruptures.

Le claquage (rupture partiel du muscle)

Que se passe t-il ?

Lors d'un mouvement il y a rupture de quelques fibres musculaires.

Que ressent-on ?

Une douleur très vive qui oblige à l'arrêt de l'effort (comme un « coup de poignard »).

Un bruit de claquement est justement caractéristique du claquage musculaire.

Un épanchement sanguin (ecchymose) peut apparaître assez vite. Cependant, lorsque le claquage est profond, il peut apparaître à la surface de la peau jusqu'à 24 heures plus tard. Il se situe souvent juste en dessous du point de claquage.

Il faut savoir qu'un claquage ne survient jamais tout à fait par hasard. Le muscle est très dépendant de l'état général de nervosité du sportif (Réf 6).

Que faire ?

Pour déceler un claquage, étirez doucement le muscle touché : vous devez sentir un trou avec le doigt et le muscle doit faire mal.

Sur place : méthode **GREC**

Ne plus faire d'effort.

Glacer la zone douloureuse

Ne pas masser

Compresser la zone en mettant un gel pack froid (la compression va permettre au sang de ne pas se répandre aux travers des tissus musculaires)

Surélevé l'extrémité touchée (avec un angle de 45° au moins pour être efficace)

Dès que possible :

Faire consulter un médecin pour connaître la gravité du claquage, grâce à une échographie ou IRM.

Dès le lendemain :

Durant les deux premières nuits, vous pouvez mettre un bandage (sans gel pack froid) sur la zone blessée.

Le temps de la guérison ?

La guérison est longue, souvent près de 30 à 45 jours de repos, voire 60 jours.

L'ecchymose va se résorber au fur et à mesure des jours passants.

Faire un entraînement de remplacement à l'aide d'un physiothérapeute quinze jours après le début de la blessure.

Pas de stretching avant la reprise du sport normal.

Quand le sportif peut descendre et monter les escaliers sans avoir mal, il peut reprendre une activité sportive douce (jogging en trottinant, par exemple).

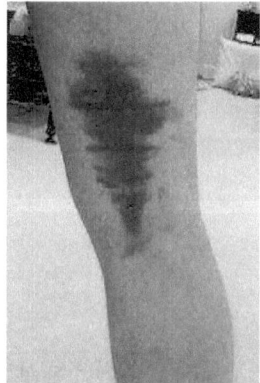

Un claquage des ischios-jambiers (Photo D.R.)

La déchirure (rupture totale et complète du muscle)

Que se passe t-il ?

De très nombreuses fibres musculaires ou tendineuses sont rompues de part et d'autres sur toute la largeur.

Que ressent-on ?

La douleur est franchement très vive, pouvant même aller jusqu'à la syncope.

Un claquement sec peut être entendu lors de la blessure.

Une grosse ecchymose ou un hématome (une ecchymose avec une poche de sang) apparaît rapidement.

Le muscle ne peut plus se contracter car il forme « une boule » de part la rétractation de ses fibres élastiques.

Que faire ?

Sur place :

Une déchirure-rupture totale est une urgence médicale.

Rassurer le sportif blessé.

Glacer la zone douloureuse

Ne pas faire d'effort en attendant l'évacuation du blessé

Surélever la partie lésée

Ne pas masser.

Dès que possible :

Consulter immédiatement un médecin qui prendra la décision d'emmener le blessé à l'hôpital pour une éventuelle intervention chirurgicale (les fibres musculaires ou tendineuses devront être recousues)

Le temps de la guérison ?

L'importance de la lésion nécessite un repos complet de 6 à 10 mois. Les membres sont souvent plâtrés.

Les blessures tendineuses

Il existe une bonne quinzaine de lésions tendineuses différentes. Aussi, nous les appellerons d'une manière générale des « tendinopathies ».

Le tendon est une corde qui relie le muscle à l'os. Ils sont formés de tissus fibreux, résistants.

Autour de ces tendons, se trouvent des gaines destinées à maintenir les tendons dans leurs positions correctes.

Pour faciliter le glissement des tendons à l'intérieur de ces gaines, il existe des gaines séreuses et des membranes contenant une petite quantité de liquide, la synovie.

Suite aux tensions répétées ou à des chocs, ces tendons peuvent s'user, allant de la simple gêne jusqu'à la rupture totale.

La douleur d'une tendinopathie apparaît progressivement en fonction de l'état de la lésion. Au début, la douleur n'apparaît qu'à la fin des entraînements. Généralement, la douleur disparaît le lendemain.

Puis, si rien n'est fait, la douleur apparaît dès le matin en se levant, et enfin en dernier stade, la douleur est permanente, que ce soit pour les activités quotidiennes ou pour les activités sportives.

Pour savoir si nous avons à faire à une tendinopathie, il faut procéder d'abord à un interrogatoire du sportif pour étudier la survenue de la pathologie : la douleur apparaît-elle en début de séance, à l'échauffement, pendant la durée de l'effort ?

Puis, vient l'examen palpatoire, où l'on recherchera la douleur sous forme d'acronyme, le CEP :

- Douleur à la contraction du tendon (contre-résistance du tendon)

- Douleur à l'étirement du tendon

- Douleur à la palpation

Si l'un ou l'autre des symptômes manquent dans le diagnostic, nous n'avons pas affaire à une tendinopathie.

Effectivement, toutes les douleurs ne sont pas signes de tendinopathies. Ainsi, à la palpation, les bursites (inflammation des bourses séreuses) sont tout aussi douloureuses de part leur processus inflammatoire (rougeur, chaleur, gonflement, crissement, douleur).

Enfin, nous pourrons quand même différencier :

- Les téno-synovites : atteintes du tendon et de son enveloppe

- Les téno-périostites : inflammation de l'insertion sur l'os

- Les tendinites : atteintes du corps du tendon

Voici les principales tendinopathies les plus courantes :

La tendinopathie d'Achille

C'est le tendon le plus volumineux et le plus solide du corps, qui est la base du mollet, lequel est constitué de trois muscles (les deux jumeaux + le soléaire). Il s'attache à l'os du talon (le calcanéum).

L'origine d'une tendinopathie peut être due à :

- un manque d'échauffement

- la répétition d'un geste traumatisant

- des troubles statiques (pieds creux + tendon d'Achille court)

- un sol trop dur

- une mauvaise hydratation

- une mauvaise dentition (caries dentaires)

- une alimentation trop riche en protéines animales

- un matériel mal adapté

Que se passe t-il ?

Il s'agit de micro-déchirures doublées d'une inflammation des fibres tendineuses.

Que ressent-on ?

Une douleur lancinante pendant ou après l'effort.

Il faut localiser précisément la douleur, à savoir soit le milieu de mollet (myotendinite), le milieu de la corde (tendinose), à l'insertion basse du tendon au niveau du calcanéum (ténopériostite) ou en arrière du tendon d'Achille (bursite).

Lorsqu'on place les doigts au-dessus du tendon et qu'en même temps, on bouge la cheville, on peut sentir des crépitements tendineux.

Que faire ?

Sur place :

Glacer la zone douloureuse (2 à 3 fois dans la journée, pendant 20 minutes).

Si possible, observer le repos (pour ne pas passer dans la chronicité de la pathologie). Cela est bien sûr souvent difficile pour les sportifs habitués à transcender la douleur.

On peut aussi rigidifier le tendon grâce à un strapping.

Le lendemain :

Appliquer de la chaleur et utiliser une protection gardant la chaleur (emplâtre américain)

Surélever le talon de quelques 10 mm pour le mettre en décharge grâce à une talonnette (ne pas hésiter pas à consulter un podologue)

Faire un massage MTP : masser le tendon transversalement et profondément. Pour être efficace, ce massage doit se pratiquer impérativement pendant au moins 10 minutes. On peut agrémenter ce soin à l'aide d'une pommade, le massé étant sur le ventre pour faire relâcher le tendon (les pieds peuvent dépasser de la table en étant soutenus par des coussins).

Consulter un médecin si les symptômes s'aggravent ou persistent. Celui-ci pourra utiliser au choix : des anti-inflammatoires, des infiltrations, de la mésothérapie, de l'acupuncture, de l'électrothérapie…

Ne pas oublier aussi de consulter un dentiste si les symptômes persistent. Effectivement, des études ont montré que des bactéries migrent depuis la bouche vers des tissus fragiles. Cependant, nous en sommes encore aux suppositions pour savoir pourquoi cela passe ainsi.

Le temps de la guérison ?

La tendinopathie guérit après 1 et 2 semaines de repos si la pathologie est traitée de façon précoce.

Si la douleur n'est toujours pas présente après 15 jours de traitement, on peut reprendre doucement le sport, en commençant par exemple par un sport de type natation, vélo ou course dans l'eau.

Voici d'autres tendinopathies courantes. Le traitement est identique à celui du tendon d'Achille :

La tendinopathie du facia-lata

Elle se situe sur la face externe du genou, au niveau de son insertion sur le plateau tibial.

Les coureurs qui ont des jambes « en cavalier » (génu varum) en sont souvent victimes.

La ténosynovite du jambier antérieur

La douleur apparaît sur la face antérieure de la jambe, à la base du dessus du pied.

Il y a alors gonflement, chaleur, rougeur de la zone (signes inflammatoires).

Un laçage trop serré de la chaussure (dans 95% des cas) peut être à l'origine de cette pathologie. Il faut alors délacer la chaussure.

On peut également chercher un bruit de « crissement » dans la gaine.

A l'examen, il ne faut pas confondre avec la fracture de fatigue ou la périostite dont la douleur est également située sur l'os.

La ténosynovite du jambier postérieur

La douleur est localisée sur la face interne de la cheville (sur la malléole) et gêne le coureur à chaque appui au sol.

Elle est souvent provoquée par certaines chaussures sans soutien de la voûte plantaire ou chez les personnes qui ont une voûte plantaire trop faible.

Aponévrosite plantaire

C'est une tendinopathie de l'insertion de l'aponévrose plantaire, les tendons qui partent du calcanéum pour aller rejoindre tous les doigts de pieds.

Elle se manifeste par une douleur à la plante des pieds.

Elle est gênante surtout lors de l'activité sportive, mais peut aussi se manifester le matin au réveil.

Le traitement consiste à glacer pour diminuer la douleur, puis étirer et masser profondément la zone tendue dans le sens parallèle et perpendiculaires aux fibres.

Il peut être parfois efficace de consulter un podologue qui pourra proposer des semelles thermo-moulées pour soutenir la voûte plantaire

Tendinopathies relevant d'un traitement manipulatif

Certaines pathologies dont on ne retrouve pas les signes cliniques de la tendinopathie (douleur à l'étirement, à la contraction et à la palpation) ni au diagnostique différentiel peuvent être dues à des micro-déplacements osseux ou restrictions de mobilités qui engendrent des tensions au niveau ligamentaire, tendineuse ou musculaire.

Il y alors une absence d'association des signes cliniques de tendinopathie, car un ou plusieurs signes ne sont pas présents.

La manipulation vertébrale effectuée par un ostéopathe ou thérapeute manuel est alors souvent efficace.

Les blessures ligamentaires

On estime que les entorses du genou font 25000 victimes chaque année en France.

Le rôle du ligament est de maintenir deux os entre eux. Mais aussi d'enregistrer en permanence les contraintes que subit l'articulation, grâce à des capteurs neurologiques.

Les principales pathologies sont :

L'entorse de 1° degré (entorse simple ou élongation)

Que se passe t-il ?

Les ligaments sont simplement étirés, comme une élongation.

Il n'y pas de déchirure ligamentaire, ni de gonflement de la cheville. Ce gonflement est appelé « Arc Réflexe » qui permet à l'articulation d'être protégée en cas de nouveau choc sur la région. Il fut un temps où le praticien appuyait fortement sur la cheville pour éviter la venue de cet arc réflexe afin que le blessé puisse rentrer son pied dans sa chaussure. Cette pratique est quasiment tombée en désuétude, le praticien laissant souvent faire la nature de nos jours…

Que ressent-on ?

La douleur est vive.

Il n'y a pas d'apparition d'ecchymose, ni d'hématome (hématome : rupture des vaisseaux, poche de sang avec gonflement).

Que faire ?

Soulager l'articulation en se reposant et en ne s'appuyant pas dessus.

Pas de mouvements extrêmes en étirant le ligament.

Glacer la zone douloureuse (10 minutes de glaçage puis retirer la vessie pendant 45 minutes. Renouveler l'opération pendant la même période si besoin est).

Dès la blessure, il faut également éviter d'utiliser le froid comme anesthésiant dans le but de reprendre part au sport le plus vite possible. Le risque d'un gros claquage ou d'une aggravation de l'entorse après un tel traitement se trouve nettement augmenté (Réf.7).

Confectionner un strapping pour maintenir l'articulation blessée (références de livres sur le strapping en fin d'ouvrage).

Le temps de la guérison ?

Se reposer.

Le sport peut être repris après une semaine à dix jours de repos.

<u>L' entorse de 2° degré</u> (entorse moyenne ou rupture partielle)

Que se passe t-il ?

Il existe une déchirure ligamentaire

Que ressent-on ?

Certains signes de gravités sont présents mais on ne les retrouve pas tous.

Apparition d'un gonflement à l'avant de la malléole, pour une cheville.

La marche est difficile.

Un hématome apparaît entre 24 et 48 heures autour de l'articulation.

La douleur peut être très forte.

Que faire ?

En premier lieu, ne pas masser l'articulation blessée.

Ne pas continuer l'activité sportive.

Glacer la zone douloureuse (10 minutes de glaçage puis retirer la vessie pendant 45 minutes. Renouveler l'opération pendant la même période si besoin est).

Compresser l'articulation à l'aide d'un bandage compressif.

Elever l'articulation pour faciliter le drainage.

Consulter un médecin.

Le temps de la guérison ?

Le repos doit être de 3 semaines à un mois (reprise du sport après 45 jours au moins).

Changer les bandages compressifs toutes les semaines pour immobiliser l'articulation.

Consulter un physiothérapeute pour une rééducation.

L'entorse de 3° degré (entorse grave ou rupture totale des ligaments)

Que se passe t-il ?

Les ligaments sont rompus ou dés insérés

Que ressent-on ?

La douleur est très vive, mais si les nerfs sont sectionnés au niveau de la capsule articulaire (la « chaussette » qui recouvre l'articulation) le sportif blessé ne ressentira quasiment rien. Il faut alors l'emmener en urgence à l'hôpital.

On peut entendre un craquement lors de la survenue de l'entorse.

Un gonflement important de toute l'articulation et l'apparition d'un hématome (Arc réflexe).

L'hématome continue à augmenter jusqu'au 3° ou 4° jour et prend souvent toute la cheville.

Que faire ?

Dans la minute qui suit l'accident : décharger l'articulation (ne pas se poser dessus, glacer, compresser et l'élever pour faciliter le drainage).

Ne pas masser

Consulter un médecin qui définira l'étendue de la blessure, s'il n'y a pas eu d'arrachement osseux et le nombre de jours de repos obligatoire avant de reprendre une activité physique. Un passage à l'hôpital s'impose toutefois.

Le temps de la guérison ?

L'intervention chirurgicale peut être nécessaire pour recoudre les ligaments.

Une immobilisation plâtrée peut aussi être réalisée pendant une dizaine de jours pour faire régresser l'œdème.

La reprise de l'activité sportive se fera après guérison complète et une rééducation appropriée, c'est-à-dire au moins après 60 jours.

Nota : si vous êtes loin de toute structure hospitalière ou médicale, voici un test permettant de savoir si une radiologie des ligaments de la cheville est à faire en urgence ou non.

<u>Règle d'Ottawa</u> pour la cheville :

La radiographie est justifiée pour tout patient présentant une douleur de la région malléolaire et/ou du tarse s'il présente l'une des critères suivants :
- Une incapacité à se mettre en appui immédiatement et impossibilité de faire 4 pas.
   ou
- Une sensibilité à la palpation osseuse du bord postérieur ou de la pointe de l'une des deux malléoles.

La luxation

Les luxations sont dix fois moins nombreuses que les entorses.

C'est le dernier stade de l'entorse. Les surfaces articulaires ne se font plus face, avec en plus, des ligaments qui peuvent être rompus.

La consultation radiologique s'impose en milieu hospitalier qui permettra une réduction de la luxation correcte et rapide. Cette réduction se fait parfois sous anesthésie pour obtenir un relâchement musculaire complet. Dans certains cas, la chirurgie réparatrice sera le meilleur moyen de réparer une luxation si les ligaments sont rompus.

Entre l'immobilisation et la rééducation, le temps de guérison sera d'au moins entre 6 à 8 semaines.

Les blessures osseuses

Les pathologies osseuses se déclinent souvent en deux catégories : les fractures de fatigue et les périostites. Nous allons voir ces deux types de désagréments, sachant qu'il existe bien sûr des pathologies plus graves, comme les réelles fractures osseuses.

La fracture de fatigue

A chaque sport peut correspondre un type de fracture de fatigue et chaque os peut se sentir concerné, même si les membres inférieurs sont souvent les plus touchées (dans 25% des cas : tibia, péroné, os du pied).

Que se passe t-il ?

C'est une véritable fissure qui touche un os sain, sans lésion existante auparavant.

Elle survient lors d'une surcharge de « travail », ou lors de légers traumatismes répétés.

Le surentraînement semble donc en être la principale cause.

Que ressent-on ?

Des douleurs de type mécanique surviennent à l'effort et disparaissent au repos. Elles augmentent au fur et à mesure du surentraînement, jusqu'à rendre l'activité sportive impossible.

Cependant, une fracture de fatigue de type aiguë peut survenir.

Une douleur « exquise » est présente uniquement sur un point de pression à la palpation, si l'on appuie sur la localisation précise de la fracture (la zone douloureuse est moins précise lors d'une périostite).

L'existence d'une fracture de fatigue doit être privilégiée lorsque la douleur persiste après 2 semaines de repos.

Que faire ?

L'arrêt de l'activité sportive est indispensable.

Une radiographie ou mieux, une scintigraphie osseuse est recommandée pour la déceler (un produit de contraste est injecté dans les veines pour mieux voir où se trouve la fissure).

Le muscle s'accolant à l'os blessé étant souvent la source de la fracture de fatigue, il faut donc masser le muscle le plus proche de l'os.

Décharger l'os par des béquilles si la fracture se situe surtout sur le fémur.

Le médecin peut poser un plâtre si la fracture se situe sur le tibia.

Le temps de la guérison ?

Un repos sportif d'au moins deux mois est indispensable jusqu'à la disparition de la douleur (confirmée par une radiographie).

Il faut reconsidérer son programme d'entraînement.

La périostite

C'est une inflammation de la peau qui entoure l'os. La face interne de la jambe au niveau du tibia est souvent la plus touchée. Le périoste permet l'échange de nutriments entre l'intérieur et l'extérieur de l'os. Cette pathologie est souvent due à une activité exercée sur un sol irrégulier.

Que se passe t-il ?

Ces sont des microtraumatismes répétés qui occasionnent les périostites.

Que ressent-on ?

Pour ne pas confondre avec une fracture de fatigue, la douleur doit se situer sur toute la longueur du périoste et non juste sur un point précis de l'os.

La douleur se fait sentir lors de mouvements d'accélération, de décélération, en vitesse lente mais peu ou pas en vitesse rapide.

Que faire ?

Glacer la zone douloureuse (pendant 10 minutes puis retirer la vessie de glace pendant 45 minutes. Recommencer si besoin pendant la même période).

Repos sportif (ou activité ne sollicitant pas l'os incriminé).

Consulter un médecin qui prescrira peut être des anti-inflammatoire (ou appliquer un gel ou une huile essentielle anti-inflammatoire).

Le temps de la guérison ?

La périostite guérit généralement toute seule.

Il est nécessaire de reprendre l'entraînement doucement, sur des sols plutôt réguliers.

Les blessures de la peau

Les ecchymoses

Que se passe t-il ?

Une tâche apparaît, résultant d'une diffusion de sang sous la peau. Elle peut être due à un claquage, une déchirure ou une contusion.

Il passe par plusieurs couleurs, dans l'ordre : rouge, bleu verdâtre, puis jaune pour finir. Les couleurs vives d'une ecchymose sont dues aux produits résultant de la dégradation de l'hémoglobine (molécule qui transporte l'oxygène), la biliverdine (pigment vert) et la bilirubine (pigment rouge paraissant jaune). Les couleurs sombres proviennent de l'hémosidérine (pigment contenant du fer).

Elle est communément appelé le « bleu ».

Que faire ?

Appliquer de la glace (entouré d'un linge) ou une source froide (eau).

Il existe aussi des gels spéciaux pour résorber et « refroidir » les ecchymoses.

Plus tard, masser très légèrement autour de l'ecchymose pour le résorber (on peut prendre une pommade à l'arnica). Cependant, ne pas masser sur l'ecchymose même, source de douleur et surtout le muscle sous-jacent pourrait se calcifier à force de massages trop profonds et trop fréquents.

Le temps de la guérison ?

Deux à trois semaines après son apparition.

Les hématomes

Que se passe t-il ?

C'est une poche de sang dû à la rupture des vaisseaux sanguins.

Que ressent-on ?

Il y a gonflement de la partie atteinte.

Que faire ?

Appliquer de la glace (entouré d'un linge) ou une source froide (eau).

Si l'hématome est très important et ne se résorbe pas de lui-même, ne pas hésiter à consulter un médecin qui vous enverra parfois vers un chirurgien pour ponctionner ou drainer l'hématome.

Le temps de la guérison ?

Plusieurs semaines peuvent s'écouler avant la disparition complète de l'hématome.

Les contusions

Que se passe t-il ?

Il y a eu écrasement des fibres musculaires suite à un choc.

Si ce choc n'a pas été assez violent, il n'y aura pas de plaies externes. Par contre, si le choc a été suffisamment important, une ecchymose ou un hématome peuvent survenir.

Que ressent-on ?

La douleur sur le point d'impact est souvent « exquise ».

Que faire ?

Glacer la zone douloureuse

Ne pas masser ou et ne pas appliquer une source de chaleur, cela provoquerait une vasodilatation des vaisseaux qui augmenterait alors le saignement interne.

Le temps de la guérison ?

En fonction de la gravité de la contusion, plusieurs semaines peuvent s'écouler avant la disparition complète de l'ecchymose ou de l'hématome.

Quelques blessures particulières pouvant intéresser les masseurs sportifs

L'épanchement séreux de Morel-Lavallée

Il s'agit d'un hématome particulier qui survient lors d'un coup tangentiel, comme on en rencontre fréquemment dans les arts martiaux, karaté, boxe thaïlandaise, etc.… Pendant le choc, la peau glisse sur l'enveloppe musculaire. Après quelques jours, il se constitue un énorme épanchement sous forme de « sac » mou qui ne veut pas disparaitre. La seule solution est alors de recourir à la chirurgie de drainage (Réf 8).

Les lésions musculo-aponévrotiques

Une aponévrose est une membrane fibreuse enveloppant les muscles et constituant une séparation entre eux. Ce n'est pas une enveloppe mais un lien entre les structures auxquelles elle est liée.

Depuis plus de 20 ans, l'imagerie médicale a permis de gros progrès en matière de diagnostic des blessures sportives.

Elle permet ainsi de distinguer les atteintes de la structure musculaire, les atteintes de la structure conjonctive ou celles de l'intimité myo-conjonctive.

Ainsi finement définies, ces lésions peuvent avoir un meilleur appui concernant le choix des traitements pour réduire le temps de cicatrisation et donc le retour à une activité physique.

Par exemple, chez les footballeurs professionnels, ces lésions représentent 34% des accidents contre seulement 50% de ces accidents chez les coureurs.

Par contre, les ischio-jambiers représentent 50% de ces accidents chez les coureurs et 40% chez les footballeurs.

Classification des lésions aponévrotiques

Lésion bénigne	Epaississement à contours flous d'une cloison conjonctive intramusculaire Indisponibilité sportive de 1 à 2 semaines
Lésion de gravité intermédiaire	- Disparition d'une cloison conjonctive intramusculaire. - Rupture d'une aponévrose périmusculaire. - Décollement inter aponévrotique (avec ou sans hématome) Indisponibilité sportive de 2 à 3 semaines
Lésion grave	Rupture d'une cloison conjonctive intramusculaire épaisse (avec ou sans lésion musculaire de part et d'autre de la rupture) Indisponibilité sportive de 5 à 6 semaines

Le Syndrome des Loges

Que se passe t-il ?

Bien que cette blessure soit connue depuis 1872 (syndrome de Volkmann), elle est revenue en force il y une vingtaine d'années avec la venue des « nouveaux » sports tels le roller ou le snow-board.

Les muscles des membres supérieurs, inférieurs ou lombaires sont faits de loges musculaires, membranes aponévrotiques qui serrent les muscles pour bien les contenir, mais aussi leur donner suffisamment de relâchement pour leur permettre de gonfler légèrement, notamment lors d'efforts qui attirent une irrigation sanguine importante. Celle-ci peut être multipliée par 20, par rapport à un muscle au repos.

Dans cette pathologie, il y a un conflit de volume entre le muscle qui souhaite s'épancher à force de travail sportif et la peau qui entoure ces-dits muscles (les loges) qui vont comprimer le réseau sanguin passant par les muscles. Puisque ces parois ne sont que peu extensibles, il va se créer une vasoconstriction, source de douleurs par la compression occasionnée. La circulation sanguine sera donc bloquée…

Que ressent-on ?

Au début du syndrome, la douleur musculaire au niveau des membres inférieurs ou supérieurs s'arrête rapidement après l'activité physique. Puis, cette douleur progresse dans le temps et s'arrête de plus en plus tardivement après le sport. Jusqu'à ce que la douleur soit présente 24 heures sur 24.

Le praticien qui souhaiterait masser des muscles atteints d'un syndrome des loges créerait une vasodilatation due au massage qui, au final, pourrait empirer la douleur.

Une précaution à prendre est de ne pas faire de strapping, ce qui irait à l'encontre de l'irrigation sanguine.

Certains syndromes des loges provoquent des paralysies et une absence de sensibilité.

Le diagnostic est parfois difficile à faire avec les examens classiques (radiologie, scintigraphie, Doppler, etc....). Le meilleur allié consiste à insérer une aiguille dans le muscle, reliée à une seringue remplie de sérum physiologique. La pression grimpera alors rapidement en cas de syndrome des loges.

Que faire ?

A ce jour, il n'y a pas d'autres remèdes aussi efficaces que... la chirurgie. Une incision d'une dizaine de centimètres permet la libération du muscle et par conséquent un flux sanguin réhabilité.

Le temps de la guérison ?

Très rapidement, dès l'instant où le chirurgien coupe la peau entourant les loges musculaires. La revascularisation se fait instantanément, supprimant de ce fait la douleur.

Coupe des loges musculaires (Photo D.R.)

La rhabdomyolyse

Cette pathologie qui arrivait souvent à des personnes victimes d'ensevelissement par les tremblements de terre ou des chutes, se voit malheureusement déjà trop souvent chez des sportifs d'ultra-endurance, même entrainés. Un effort musculaire prolongé peut donc avoir pour conséquence une rhabdomyolyse.

Cette pathologie est souvent consécutive à un traumatisme musculaire mais peut aussi survenir lors d'une période de grande déshydratation. Vous pouvez aussi avoir cette pathologie lors d'une gastro-entérite où la diarrhée vous fera perdre beaucoup d'eau.

Que se passe t-il ?

La rhabdomyolyse désigne une destruction du tissu musculaire au sein des muscles dits striés, muscles à commande volontaire par opposition aux muscles lisses à commande automatique. Cette destruction des cellules musculaires entraîne la libération dans le sang de protéines musculaires, et dans le sang et les urines d'une substance toxique appelée myoglobine (substance permettant de transport de l'oxygène vers les muscles).

Pour être éliminée, cette myoglobine va passer par les reins. Et cela ne va pas du tout faire bon ménage car c'est un grand toxique pour eux. Si le blessé n'est pas pris en charge rapidement, ses reins seront détruits. Et le sportif risque alors d'être en dialyse…. à vie !

C'est la conjonction d'une hypo volémie (déficit de sang dans le système circulatoire), d'une ischémie rénale (vasoconstriction au niveau des reins) et d'une acidose qui provoqueront une rhabdomyolyse.

Que ressent-on ?

Deux symptômes sont prépondérants :

- Le sportif va faire pipi « rouge-brun foncé»
- La substance toxique de la myoglobine va circuler dans tout le corps, occasionnant une réaction de douleur de tous les muscles. Le masseur ne pourra pas toucher le sportif car celui-ci aura une réponse douloureuse à chaque palpation sur tout le corps.

Que faire ?

La rhabdomyolyse est une **urgence médicale**. Le sportif doit absolument être évacué vers un hôpital qui le prendra en charge dans un service de néphrologie pour une première dialyse. Il peut ainsi éviter les complications d'une insuffisance rénale aiguë.

Le temps de la guérison ?

Si pas de complication, dès la sortie de la prise en charge hospitalière.

La bursite

La bursite (dénommée aussi « Hygroma ») est une inflammation des bourses séreuses, ces petits sacs situés entre deux structures musculo-squelettiques, au niveau des articulations. La plupart du temps bénignes, elles peuvent s'aggraver si le membre atteint n'est pas mis au repos.

La bourse séreuse contient un liquide synovial permettant de protéger les articulations vis-à-vis des pressions et de faciliter leurs mouvements.

L'inflammation de la bourse séreuse se situe souvent au niveau du coude, de l'épaule et de la rotule.

Elle peut être causée par la blessure d'un membre (une plaie, par exemple), un exercice sportif inhabituel, une pression prolongée sur l'articulation ou une mauvaise préparation sportive.

Que ressent-on ?

Des signes inflammatoires (douleur, rougeur, chaleur, grosseur) et des gênes en mobilisant l'articulation incriminée.

Que faire ?

Mettre au repos l'articulation sollicitée.

Glacer la zone douloureuse (10 minutes de glaçage puis 45 minutes de repos. Recommencer si besoin avec ce même timing).

Faire pénétrer un anti-inflammatoire sous forme d'huile d'arnica ou d'Harpagophytum.

Dans les cas les plus sévères, consulter un médecin si l'inflammation dure depuis plus d'une semaine, récidive régulièrement ou si la douleur est particulièrement violente. Après une échographie, il pourra alors proposer une injection de corticoïde, une ponction (pour rechercher une éventuelle infection) ou une ablation de bourse séreuse (assez rare, heureusement !).

Le temps de la guérison ?

Cela dépend de chaque individu car il s'agit de corriger la cause de la bursite.

<u>Le syndrome de la bandelette</u>

Ce syndrome tire son nom de la « bandelette illio-tibiale » ou bandelette de Maissiat qui n'est autre que le tendon inférieur de la bande fibreuse du Facia Lata, côté extérieur de la cuisse.

Il se trouve que cette bandelette frotte sur la bourse séreuse située sur le côté externe de la tête inférieur du fémur, proche du tibia. Il s'ensuit une douleur sur la face extérieure du genou.

Il ne s'agit pas d'une tendinopathie car elle concerne la bourse séreuse.

Que ressent-on ?

Une douleur qui apparait de plus en plus précocement dans les entrainements.

Que faire ?

L'inflammation est d'ordre mécanique, donc il faudra assouplir le muscle. Soit par des étirements, soit par des massages.

Faire courir sur des sols non meubles pour ne pas solliciter les genoux dans une position instable.

Consulter un podologue au cas où l'inflammation serait due à une hyper-pronation du pied (le pied s'affaisse trop vers l'intérieur).

Le temps de la guérison ?

Dès l'instant où l'origine du problème est traitée.

Tableau récapitulatif des blessures sportives

Courbatures	Crampes	Contractures
- Inflammations des fibres musculaires	- Contractions involontaires et brutales du muscle	- Relâchement incorrect du muscle provoquant des tensions sur les tissus conjonctifs - Douleur à la palpation
Que faire :	**Que faire :**	**Que faire :**
- Chaleur - Etirements - Massage - Continuer le sport	- Etirements doux - Massage - Bien s'approvisionner en glucide pendant l'effort - Savoir se reposer	- Chaleur - Massage sur les zones tendues - Etirements - Hydrater le sportif
Guérison après 3 ou 4 jours		

Elongations	Claquages	Déchirures / Ruptures
- Les fibres musculaires sont trop étirées mais pas cassées - Pas d'ecchymose	- Rupture partielle de quelques fibres musculaires - Douleur vive - Ecchymose - Un bruit de claquement peut se faire entendre	- Rupture complète des fibres musculaires - Douleur exquise - Hématome - Un bruit de claquement peut se faire entendre
Que faire : **Méthode GREC** - **G**lace - **R**epos - **E**lévation du membre touché - **C**ompression de la zone blessée - Masser légèrement après quelques jours, mais pas le jour même	**Que faire :** **Méthode GREC** - **G**lace - **R**epos - **E**lévation du membre touché - **C**ompression de la zone blessée - Consulter un médecin pour examens (échographie)	**Que faire :** **Méthode GREC** - **G**lace - **R**epos - **E**lévation du membre touché - **C**ompression de la zone blessée - Aller en urgence à l'hôpital - Chirurgie
Guérison après 7 jours de repos complet	**Guérison** après 30 à 60 jours de repos complet	**Guérison** après 6 à 10 mois de repos complet

Tendinopathies	Entorses	Luxations

- Se dit des lésions tendineuses en général
- Inflammation des fibres tendineuses
- Douleurs lancinantes pendant ou après l'effort
 	
- **Diagnostic précis d'une tendinopathie** (CEP):
  - Douleur à la palpation
  - Douleur à la flexion contre résistance
  - Douleur à l'extension contre résistance
 	
Que faire :
- Glace
- Repos
- Massage Transverse Profond
- Confection d'un strapping
 	
Guérison après environ 15 jours de repos complet (le plus difficile à faire…)
	- Les ligaments sont étirés
	- En fonction de la gravité des lésions, on notera 3 degrés d'entorses
	- Douleur vive
	- Pas d'ecchymose pour le 1° degré
	- Ecchymose pour le 2° degré
	- Hématome pour le 3° degré
	
	Que faire :
	- Glace
	- Compression de l'entorse
	- Consulter un médecin pour examens
	- Ne pas masser l'entorse
	
	Guérison entre 1 semaine (1° degré) et 60 jours (3° degré)
		- Les surfaces articulaires ne se font plus face et les ligaments peuvent être rompus
		- Douleur très vive
		
		Que faire :
		- Glace pour calmer la douleur
		- Immobilisation des articulations
		- Consultation radiologique à l'hôpital
		- Chirurgie
		
		Guérison après minimum de 6 à 10 semaines de repos complet

La fracture de fatigue	La périostite
- Fissure d'un os sain, sans lésion existante auparavant - Douleur à l'effort et disparaissant au repos - Douleur persistant après 2 semaines de repos - Douleur exquise très localisée sur une zone de l'os **Que faire :** - Arrêter l'activité sportive - Radiographie ou scintigraphie osseuse - Décharger l'os par tous les moyens (béquilles, repos) - Massage des muscles les plus proches de l'os **Guérison** après 2 mois de repos sportif et reconsidérer le programme d'entraînement	- Inflammation de la peau de l'os - Douleur sur tout l'os si on le tapote sur toute sa longueur **Que faire :** - Glacer la zone douloureuse - Repos sportif **Guérison** sans rien faire de spécial. Reprendre doucement l'entraînement ou le reconsidérer.

Ecchymoses	Hématomes	Contusions
- C'est ce qu'on appelle le « bleu » - Diffusion de sang sous la peau - Passe par plusieurs couleurs : rouge, bleu verdâtre, jaune	- Poche de sang dû à la rupture des vaisseaux sanguins - Gonflement de la partie atteinte	- Ecrasements de fibres musculaires suite à un choc - Il n'y a pas de plaies externes - Possibilité d'ecchymoses ou d'hématomes
Que faire : - Glace - Appliquer des gels spéciaux - Ne pas masser en profondeur (risque de calcification du muscle)	**Que faire :** - Glace - Compression de la zone atteinte - Ponction nécessaire si gros hématome	**Que faire :** - Glace - Ne pas masser, ni appliquer de la chaleur pour ne pas vasodilater les vaisseaux qui augmenteraient alors le saignement interne
Guérison après 2 ou 3 semaines	**Guérison** après plusieurs semaines	**Guérison** : idem que pour l'ecchymose ou l'hématome

Références

(1) Sport et Vie n° 90 – 2005 - p. 26-27

(2) J. D. Crane, D. I. Ogborn, C. Cupido, S. Melov, A. Hubbard, J. M. Bourgeois, M. A. Tarnopolsky. Massage Therapy Attenuates Inflammatory Signaling After Exercise-Induced Muscle Damage. *Science Translational Medicine*, 2012; 4 (119).

(3) K.W. Braulick, K.C. Miller, J.M. Albrecht, J.M. Tucker, J.E. Deal. Significant and serious dehydratation doesn't affect skeletal muscle cramp threshold frequency. Br J Sports Med. 2012 Dec 6.

(4) Gilles Goetghebuer - Sport et Vie HS 22 – p. 57

(5) M. Schwellnus. Cause of exercice associated muscle cramps altered neuromuscular control, dehydratation or electrolyte depletion? Br J Sports Med, 2009, 43, 401-408.

(6) Sport et Vie n °90 – 2005 - p. 25

(7) Domhnall C. Mac Auley. Int. J.sport Med, 2001 et Sport et Vie n°90 – p. 25

(8) Gilles Goetghebuer - Sport et Vie HS 22 – p. 39

CHAPITRE 6

Le massage dans les différents sports

Chaque sport sollicite, d'une manière distincte, des muscles ou groupes de muscles, de part les gestes différents que les activités imposent (sauter, pousser, tirer, frapper, rebondir, soulever,...). Aussi, les massages seront-il différents et adaptés par rapport aux sportifs.

Même si le sportif a souvent une demande précise quand au lieu corporel où le masseur doit œuvrer, ce dernier ne connait pas toujours la pratique de tous les sports et les principales fatigues musculaires en conséquence.

Aussi, la liste ci-dessous permettra au praticien d'anticiper la demande et de mieux axer son travail en fonction des sports :

Athlétisme (course de vitesse, courses de haies, demi-fond) :

Deltoïde - Trapèze - Hanche - Quadriceps - Genoux - Mollets - Pieds

Athlétisme (course de fond / Cross Country / Trail / marathon) :

Deltoïde - Trapèze - Pectoraux - Lombaires - Quadriceps - Mollets - Chevilles - Pieds

Athlétisme (lancer) :

Deltoïde – Trapèze - Epaules - Biceps - Coude - Dos - Lombaires - Quadriceps

Athlétisme (saut en longueur, saut en hauteur, triple saut) :

Fessiers - Quadriceps - Genoux - Mollets - Pieds

Athlétisme (saut à la perche) :

Deltoïde - Pectoraux - Biceps - Abdominaux - Dos - Quadriceps - Mollets

Aviron :

Deltoïde - Trapèze - Biceps - Lombaires – Abdominaux – Poignets- Quadriceps

Basket ball :

Deltoïde (Coiffe des rotateurs)- Trapèze – Mollet - Cuisses - Genoux - Cheville - Main

Boxe :

Nuque - Deltoïde - Trapèze - Pectoraux - Biceps - Abdominaux – Triceps - Poignets - mains - Quadriceps

Canoë Kayak :

Deltoïde – Grand Dorsal - Trapèze - Pectoraux – Quadriceps – Abdominaux- Ceinture scapulaire - Lombaires

Cyclisme :

Jambes entières - Fessiers - Trapèze – Triceps - Lombaires – Poignets - Mains – Tendon d'Achille

Danse (classique) :

Trapèzes - Dos - Lombaires - Adducteur de la cuisse - Chevilles - Pieds

Danse (contemporaine) :

Ischio jambiers – Quadriceps

Equitation :

Trapèzes – Pectoraux – Biceps – Poignets - Lombaires - Quadriceps (vaste interne) - Adducteurs de la cuisse - Jambiers antérieurs

Escrime :

Deltoïde - Biceps - Triceps - Poignets - Doigts - Cuisse - Mollets

Football :

Abdominaux - Fessiers – Cuisses – Ischio jambiers - Genoux - Chevilles

Golf :

Dos – Grand dorsal - Lombaires - Pectoraux - Mollets – Jambier antérieur - Bras - Mains

Gymnastique (agrès) :

Deltoïde / Trapèzes / Dos / Poignets / Doigts / Adducteurs de la cuisse

Gymnastique (saut de cheval, exercices au sol) :

Deltoïde / Epaules / Dos / Fessiers / Cuisses / Mollets / Chevilles

Haltérophilie :

Trapèzes - Epaules – Deltoïde – Pectoraux - Dos - Lombaires - Fessiers - Poignets - Quadriceps - Genoux - Mollets

Hand-ball :

Deltoïde - Trapèzes - Dos - Adducteur de la cuisse - Genoux - Mollets - Chevilles

Judo :

Dos – Avant-bras – Biceps - Nuque - Quadriceps

Marche athlétique :

Deltoïde - Trapèzes - Lombaires - Quadriceps - Genoux - Mollets - Chevilles - Pieds

Natation :

Deltoïde - Trapèzes - Dos - Biceps - Genoux - Chevilles

Patinage :

Deltoïde - Trapèzes - Dos - Fessiers - Adducteurs de la cuisse - Genoux - Mollets - Chevilles

Plongée :

Quadriceps - Ischio-jambiers – Fessiers – Pectoraux – Dorsaux - Deltoïdes (épaules) - Abdominaux

Rugby :

Muscles du cou - Région cervicale – Trapèzes - Dos - Fessiers - Cuisses - Genoux – Mollets

Saut à la perche :

Bras – Jambes – Tronc - Bras.

Ski de piste :

Trapèzes - Dos - Abdominaux - Hanches - Fessiers - Jambes entières - Genoux

Sports automobile :

Muscles du cou - Trapèzes - Dos - Lombaires - Avant-bras - Biceps - Jambiers antérieurs - Mollets

Sport de circuit moto :

Muscles Para vertébraux – Abdominaux – Ischios jambier - Epaules – Cervicales – Adducteurs – Hanche

Squash :

Epaules – Coude – Avant bras - Genou - Quadriceps – Ischios jambiers - Mollets – Fessiers – Tendon d'Achille

Tennis :

Deltoïde - Trapèze - Abdominaux - Bras - Quadriceps – Ischios jambiers - Mollets - Chevilles

Tir à l'arc :

Deltoïde - Trapèzes - Muscles para vertébraux - Pectoraux - Biceps - Triceps - Doigts

Voile :

Deltoïde - Trapèze - Dos - Biceps - Abdominaux - Fessiers - Mains

Volley-ball :

Deltoïde (Coiffe des rotateurs) - Trapèzes – Avant bras et bras – Pectoraux - Quadriceps - Genoux - Mollets - Chevilles

CHAPITRE 7

Quel matériel mettre dans votre sac de masseur sportif

Dans certains sports, le masseur peut vite prendre le grade de « soigneur ». Il devra alors prendre en charge le sportif blessé au plus vite avant l'arrivée des secours ou si l'activité sportive est éloignée de toute structure médicale. Voici une liste non exhaustive du matériel vous permettant d'accompagner vos premiers gestes.

- 1 paire de ciseaux à couper
- 1 paire de ciseaux à pansement (pour enlever les strappings)
- 1 pince à épiler (pour enlever les impuretés de la peau)
- Bande de gaz
- Bande de Pré bandage (à mettre sous le tape rigide)
- Bande de Tape rigide (5 cm de largeur)
- Bande de Tape extensible
- Cold spray (froid instantané en pulvérisation)
- Ice Gel (prolongement du froid après le Cold spay)
- Cold pack (pour refroidir un muscle ou articulation blessés, à usage unique)
- Pommade chauffante (à employer pour un massage avant l'effort. Cependant, à tester auparavant car ces pommades chauffent souvent très fort)
- Compeed (pour la prévention des ampoules)
- Pince buccale (pour tenir la bouche ouverte)
- Sparadrap
- Paires de gants en latex
- Compresses
- Ouates
- Pommade à l'arnica
- Bétadine
- Huile essentielle d'Hélicryse Italienne, Gaulthérie, Eucalyptus Citriodora

Bibliographie

Anatomie - Physiologie

Massothérapie clinique - J.H. Clay / D.M. Pounds - Edition Maloine

Manuel de palpation osseuse et musculaire - Joseph E. Muscolino
Edition Elsevier Masson

L'anatomie pour le mouvement ® (Tome I et II) - Blandine Calais-Germain - Edition Désiris

Mémo fiches anatomie – Netter (membres – Tronc) - John T. Hansen
Editon Elsevier Masson

Massage du sportif

Le massage du sportif - Eric Battista / Pierre Dumas / Ferruccio Macorigh - Edition Bornemann

Le massage du sportif - Fiches techniques - H. Lohrer / C. Karvounidis
Edition Vigot

Massage pour le sport - Jean-Louis Plounevez - Edition Amphora

Massage (anatomie et technique) - Dr. A. Ellsworth et P. Altman
Edition Vigot

Sport and Remedial massage Therapy (en anglais) - Mel Cash
Edition Ebury Press

Stretch Massage ® **-** Joël Savatofski - Editions Dangles

Blessures sportives

Le manuel du sportif blessé - Lars Peterson / Per Renstrôm
Edition Vigot

Guide pratique des contensions - Christophe Geoffroy et Laure Roman
Edition Collection Sport

Logique des tests cliniques et contentions souples Tome 1- Les membres inférieurs **-** Arnaud Bruchard **-** Edition K Sport

Le strapping de terrain - Stéphane Morin - Edition Désiris

Rééducation en résistance progressive - Blandine Calais-Germain et José Curraladas - Edition Désiris

Traumatologie du sport
Guide pratique du médecin de terrain - Dr. Jean-Christophe Bertrand et Dr. Jacques Rodineau - Edition Menarini

Ces plantes qui soignent les sportifs - Marc Ivo Böhning - Edition Favre

Remerciements

Photographies et graphisme : François Cordier

Modèle et graphisme : Sylvie Ait Abbas

Je souhaiterais aussi remercier toutes les personnes qui m'ont permis d'avancer dans mon métier de praticien-formateur en massage et au-delà :

Joël Savatofski, Blandine Calais-Germain et son équipe pédagogique, Luc Papadacci, Daniel Grieser, Thierry Dentant, Didier Ramiandrasoa, Françoise Buro, Dr. Florence Villien, Emmanuel Cauchy et son équipe pédagogique, Vincent Delire et son équipe pédagogique, Vanessa et Philippe Kaddouch…

Et aussi tous mes clients sportifs…

Contact

Si vous souhaitez vous former au massage du sportif, retrouvez-moi sur les sites :

En Suisse : www.query-massage.com

En France : www.ifjs.fr

Oui, je veux morebooks!

I want morebooks!

Buy your books fast and straightforward online - at one of the world's fastest growing online book stores! Environmentally sound due to Print-on-Demand technologies.

Buy your books online at

www.get-morebooks.com

Achetez vos livres en ligne, vite et bien, sur l'une des librairies en ligne les plus performantes au monde!
En protégeant nos ressources et notre environnement grâce à l'impression à la demande.

La librairie en ligne pour acheter plus vite

www.morebooks.fr

OmniScriptum Marketing DEU GmbH
Heinrich-Böcking-Str. 6-8
D - 66121 Saarbrücken
Telefax: +49 681 93 81 567-9

info@omniscriptum.com
www.omniscriptum.com

www.ingramcontent.com/pod-product-compliance
Lightning Source LLC
Chambersburg PA
CBHW021839220426
43663CB00005B/318